40代からの見直しメイク

〝目元＆肌〟から輝くキレイの常識の棚卸し

ヘアメイクアップアーティスト
齋藤有希子
［SHISEIDO］

Prologue

メイクをしたら、きれいになれる。
メイクをしたら、気分が上がる。

少し前までそうだったはずなのに、
なんだか最近、しっくりこない…。
そんな日が、増えていませんか？

少し顔が疲れてる？
肌の感じも変わってきたかも。

うすうす気づいてはいたけれど、
30代までは若い頃に身につけた手順やコツで
ごまかし、ごまかし来られていたはず。

でもじっくり鏡と向き合ったときに
何か足りない…と、
40代になって感じ始めているのでは？

今こそ、これまで手に入れてきた「キレイの常識」を
未来のために一旦、棚卸しする時期がきています。

肌もパーツも年齢による悩みは出てきて当然。
忙しくて自分を見返せない
時期があったのもみんな一緒。

だけど悩みを隠すために
モノをたくさん足さなくても、
今より倍以上も時間を割かなくても、
ましてや過去に後悔なんかしなくても大丈夫。

メイクには、ほんのちょっとの気づきとコツで
肌から顔がハッと輝く
簡単なテクニックのポイントがあるのです。

ファンデーションをはじめに置く場所、
たった数ミリのラインの角度。

この本でお伝えするのは
そんなちょっとの、だけど
40代からの特別な見直しポイント。

テクニックを見直したら
メイクをし始めた頃のワクワクが
顔を上げて出かけたくなるトキメキが、
もう一度蘇ってくるはずです。

そしてこれから向かう50代。
大人の顔が、しっかりなじんでくる私たち、
実はもう一度
メイクの楽しさを実感できる年代なのです。

CONTENTS

02 プロローグ

08 目次

12 40代からの私たちの顔と肌

22 PART 1
光を操って顔を
ブライトアップ

24 SKIN CARE & BASE MAKEUP
光を味方に。明るさを引き出すツヤの役割
明るさも透明感もツヤが連れてきてくれる
朝のスキンケアこそ美容液でパワーチャージ
大人の薄づき肌はファンデよりも下地選び
忍び寄る影も疲れも下地の重ねづけにおまかせ

32 FOUNDATION
一番カバーするべき所に。
ファンデは必ず黒目の下から
ファンデーションだけに頼らない
ツヤとなめらかさを叶える最適ファンデにチェンジ
3段階のツヤ肌ファンデテクニック

38 POWDER
顔全体にお粉はいらない。
テカリゾーンだけポイント抑え
テカリだけを抑えて生まれつきのようなツヤ肌に
小さめブラシで凹凸にフィット

42 EYE ZONE
光を集めて、光を放つ。
目周りにスポットライトを
上まぶたに下地とファンデ 塗り忘れていませんか？
下まぶたの立体影にはハイライトを投入
上まぶたのくぼみには仕上げの質感シャドウ
下まぶたをレフ板に 瞳の輝きを手に入れて
目周りに光を集めるテクニック

52 BLUSH
色から艶へ。チークにも光を集めるお役目を
艶めく肌へもうひと押し！ チーク選びは質感重視
ハイライトの重ねづけでフレッシュな肌に

56 SKIN PROBLEMS
ツール使いと見直しテクニックで
小さな影を攻略
すべて隠すのは不自然 ピンポイントで影を攻略
シミ、クマのカバーに明るすぎる色は要注意

ブラシづかいで厚塗り&ヨレも防止
40代以降は口周りも上手にカバー
毛穴の開きも肌の影 ファンデーションブラシで一掃
毛穴はテカらせず、でも影は明るく

64
BASE MAKEUP
立体感もプラス！
大人のきちんと肌はリキッドコンシーラーで
品格を上げる立体肌 ハイライト効果で輝きアップ
大人の顔は明るさで立体感を演出

68
Column1 ツールも見直すタイミング

70
PART 2
下がりパーツは
上昇ラインで攻略

72
EYEBLOW
無理のない上昇ラインが顔の骨格を上向きに補正
下がり始めたパーツに騙されないで
骨格を引き上げるナチュラルな上昇眉
自分らしい上昇眉は眉山を見直すところから
最後の一手が品につながる 眉尻こそ手をかけて
ナチュラルな上昇眉の描き方
40代からのマストハブ！ 品格グレーのアイブロウ
上昇感をさらに高めるアイブロウマスカラ

84
EYELINE
上昇アイラインで
下がり気味な目尻をリフトアップ
目尻をリフトアップさせるアイライン

88
EYELINE
アイラインは目を閉じないほうがうまくいく
まぶたを引き上げるとスムーズに引ける
手の内を見せないほうがすっきり大きな目が叶う
どんな目の形にも似合う切れ長アイライン

94
EYELASH
アイシャドウよりマスカラを。
まぶたアップの新効果
根元にしっかりマスカラ アイラインの役割も
まつ毛の上がりチェックを忘れずに
下まつ毛のマスカラで小顔効果と大人の雰囲気

100
LIP
豊かさを表現。
ふくよかリップは2つの補正で叶えられる

やわらかな曲線で美しい唇へ
気をつけるのは、上唇と口角

104 Column2 新製品アイテムは今の自分をあげてくれる

105 Column3 チャームポイント、知っていますか？

106 PART 3
色のパワーを借りて
今のメイクを楽しむ

108 COLORS
メイクの楽しさもお疲れ顔払拭も
色のパワーにお任せ
顔も心も上がるのは似合う色より、好きな色

110 RED
疲れが出やすい私たち。
シアーな赤リップがお守りになる
ひと塗りでお疲れ払拭！マイ定番に赤リップを

114 RED
大人だからこそ楽しめる
目元で見せるダスティレッド
赤のシャドウをライン使い
目周りに赤を纏って血色感をアップ

118 PINK
青みピンクでハズしの〝可愛いさ〟をポイントに
今の肌に合わせてピンクの色みを見直し

120 ROSE
透明感を引き出す〝感じさせない〟
ローズチーク
ローズチークが黄ぐすみ肌をブライトアップ
透明肌のためのローズチークとの色バランス

124 ORANGE
大人のヘルシー感は
テラコッタオレンジのワントーンメイクで
オレンジメイクはトーンをまとめて

128 NUANCE COLOR
こなれたニュアンスカラーでさりげない遊び
大人の遊び心を刺激するニュアンスカラー
すべてのパーツにとりいれてもOK

134 EYE SHADOW
色のパワーを借りて目元の悩みをソフトにカバー

お悩み別、今の目元に似合うアイシャドウ

138 NAIL ハズし色はネイルで楽しむ

140 Column4 悩み別おすすめアイカラー

144 PART 4 3つのメソッドを使ったフルメイクの流儀

146 OCCASION バランスの良いフルメイクは見直しメイクを少しずつ
まずはワンポイント力の入れどころを決める

148 WEEKDAY 透明感アップの時短メイク

150 ONLINE MEETING 影をオフしてお疲れ払拭メイク

152 MODE センスが光る大人のカラーメイク

154 RELAXING ツヤ感重視のフレッシュメイク

156 FACE MASK チークレスでも血色感メイク

158 PART 5 40代からの見直しケア

160 SKIN CARE いつものモノでていねいに。続けられる基本のケア
スキンケアもちょっとコツで違いが出る
透明感肌はクレンジングから
ごわつき肌が変わる乳液コットン2回づけ
いつもの乳液でできるスペシャルケア
表情筋にアプローチ ずっと笑顔が素敵な人に
美顔器という選択肢 顔のたるみ、左右差ケア
美容医療よりも毎日のメラニンケア
手と首の若さのためにＵＶケアを忘れずに

172 HAIR CARE / BODY CARE ヘアケアも顔に光を纏う一環です
髪がキレイなだけでお疲れ顔も元気になる
最低限、顔周りだけはツヤを纏って
髪をあげて明るさアップ
夜のドライ次第でスタイリングは8割完了
くすみがちボディはバスタイムにケア

180 おわりに

182 使用・掲載アイテム

190 お悩みから探す 見直しINDEX

INTRODUCTION

40代からの私たちの顔と肌

はじめまして！資生堂ヘアメイクアップアーティストの齋藤有希子です。現在、企業内アーティストとして雑誌やＣＭのヘアメイクや、40～50代向けブランドの化粧品開発、イベントやセミナーでのヘアメイクアドバイスなどのお仕事をさせていただいています。

またママ世代を中心に2万人の友達数を持つメイク情報のＬＩＮＥアカウント「らしくｆｏｒ ｍｏｍｍｙ」を立ち上げ、メイクの悩みを解決するメイク情報を企画・配信し、オンラインメイク相談なども季節ごとに行っています。

そこで聞くみなさんの声からは、40代は年齢特有の悩みが一気に増え出し、今までのメイクがなんだかしっくりこない！と強く感じている方が少なくないのが分かります。同じ40代として、本当に共感するものばかり。

40代、そして50代に向けて、私たちの悩みはどう変わり、顔はどんな変化をしていくのでしょうか。同世代の方々のアンケートと資生堂の研究から、今の私たちの顔と肌を紐解いていきましょう。

メイクの見直しは、今の自分の顔を知ることから。見直すべきポイントは、自分の顔が教えてくれます。

40代はみんな
メイクの迷い時期

Q. 40代で強く感じるようになったメイク悩みは？

（選択・単一回答）

1位　今の自分に合ったメイクがわからない

2位　輪郭や目元の下がり

3位　いつもメイクがワンパターン

40代は4人に1人がメイク迷子といって良いほど。「輪郭や目元の下がり」など、年齢とともに顔は少しずつ変化しているので、20代、30代の頃と同じメイクをそのまましていると、今の顔にしっくりいかなくなったと感じていることが分かります。また長年メイクをしていると、メイクもルーティーンになってしまうもの。楽しさを見つけるコツも本編で紹介しますね。

目元も肌も
諦めたくない！

Q. 40代になって一番変化を感じたパーツはどこ？

（選択・単一回答）

1位　目元

2位　肌

3位　輪郭

アンケートでは「目元」と「肌」はかなりの僅差。自由回答では、その変化によって「メイクが楽しくなくなった」という声も。メイクの主役のような2つですから、年齢による変化にどうにか対処したいですよね。ちなみに50代に入ると「目元」の次に「輪郭」が2位に。今のうちに目元と肌のリカバリーテクニックを手に入れておきましょう！

DATA OF 40'S

見直し方さえ
わかれば変えたい！

Q. 40代に入ってから、メイクを見直したいと感じることはありますか？

（選択・単一回答）

＼ メイクを見直したい ／

97%

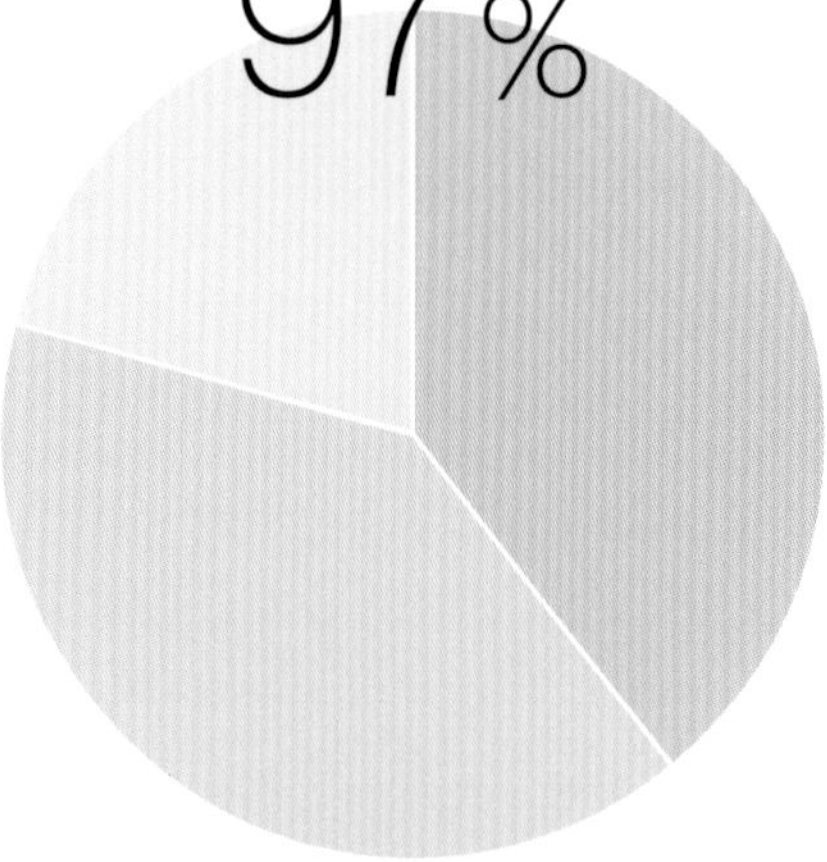

内訳

強く感じる………… 38%

まあまあ感じる…… 39%

少し感じる………… 20%

＼ あまり… ／

3%

内訳

あまり感じない…… 2%

わからない………… 1%

まったく感じない‥ 0%

想像以上だったこの回答。きっとみなさん、「見直し方さえわかれば、変えたい！」と思っていることでしょう。大人の顔には大人のコツがあって、それさえ押さえればメイクはずっと楽になるし、時短にもつながります。

これ全部叶えます！

Q. 理想のメイクの仕上がりに近いのはどれですか？

（選択・複数回答）

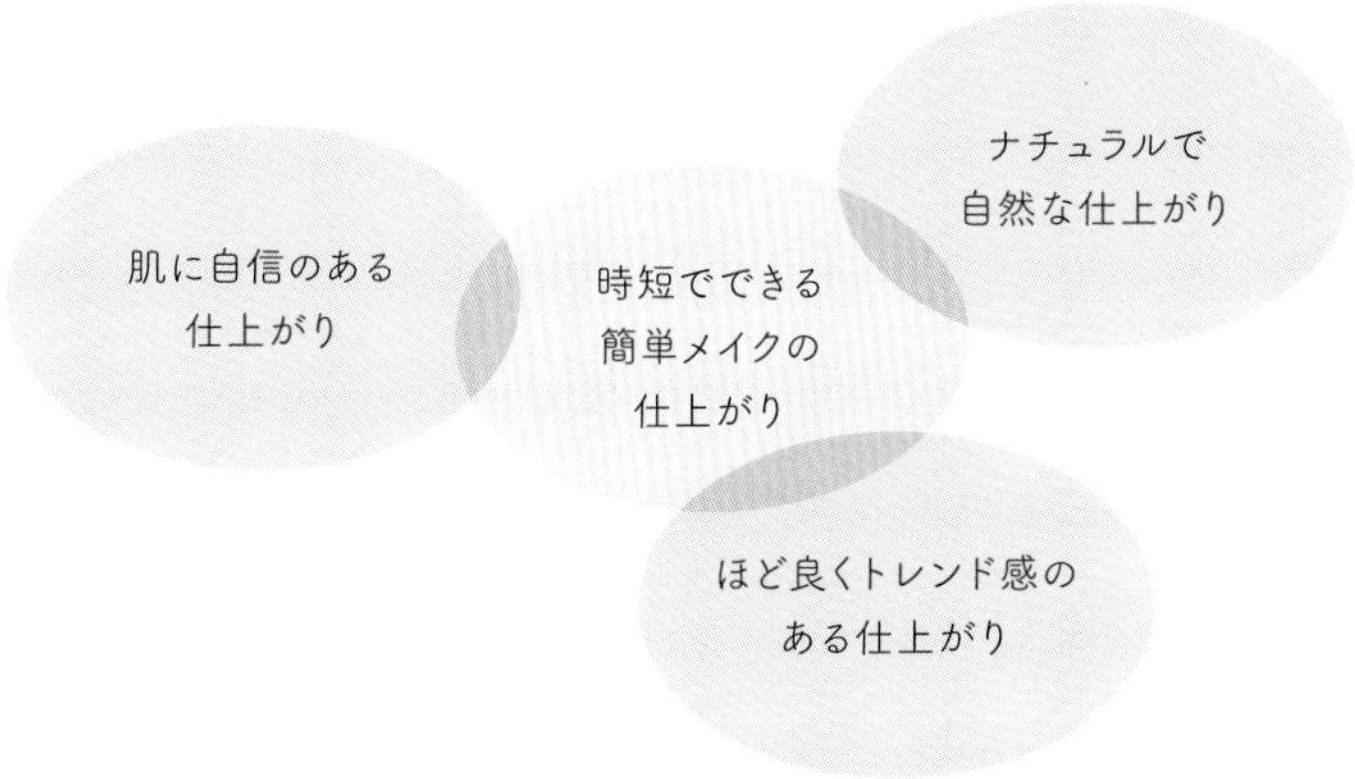

40代、目指したいのは、若い頃の顔に戻すのではなく、今の顔を生かした自信を持てる仕上がりです。人生のなかでも特に忙しい時期だから、時短であることはもちろん必須。ちなみに上位に上がらなかった選択回答は、「30代に見える若々しい仕上がり」「華やかな仕上がり」など。

みんなこんなことに悩んでいました

ほうれい線が気になる！　似合う色が変わってきてわからない

くすみや目元のぼんやり感がメイクで解消できない

毛穴が目立つようになった　くすみやシミがうまく隠せない

メイクをしてもキレイになれない　肌が乾燥して顔色が悪く見える

しっかりメイクをすると古い感じになる

2021年5月実地オンラインアンケート：278人（40代）
LINE公式アカウント「らしく for mommy」より

肌の明るさが消えていく！

見て見ぬふりをしたい顔の変化。でもちゃんと知っておいたほうが、メイクの力の入れどころがわかり、メイク上手になる近道です。

資生堂では加齢による肌や顔の変化の研究も行っています。ここからは研究室の力を借りて、今の私たちの顔について学んでいきましょう。

■肌の明るさを決めるもの

肌は光の反射量が多いほど明るく感じられます。しかも人の皮膚は半透明のような状態で、金属のように、表面だけで光を反射しているわけではありません。

明るさを決める要因は2つあります。1つは、皮膚表面の反射。これはキメの細かさや、毛穴など、肌の凹凸の影響を受けやすい反射です。もう1つは、肌内部の光の反射です。特に肌の明るさに大きく寄与しているのが、この内側の反射。そして内部は光を吸収す

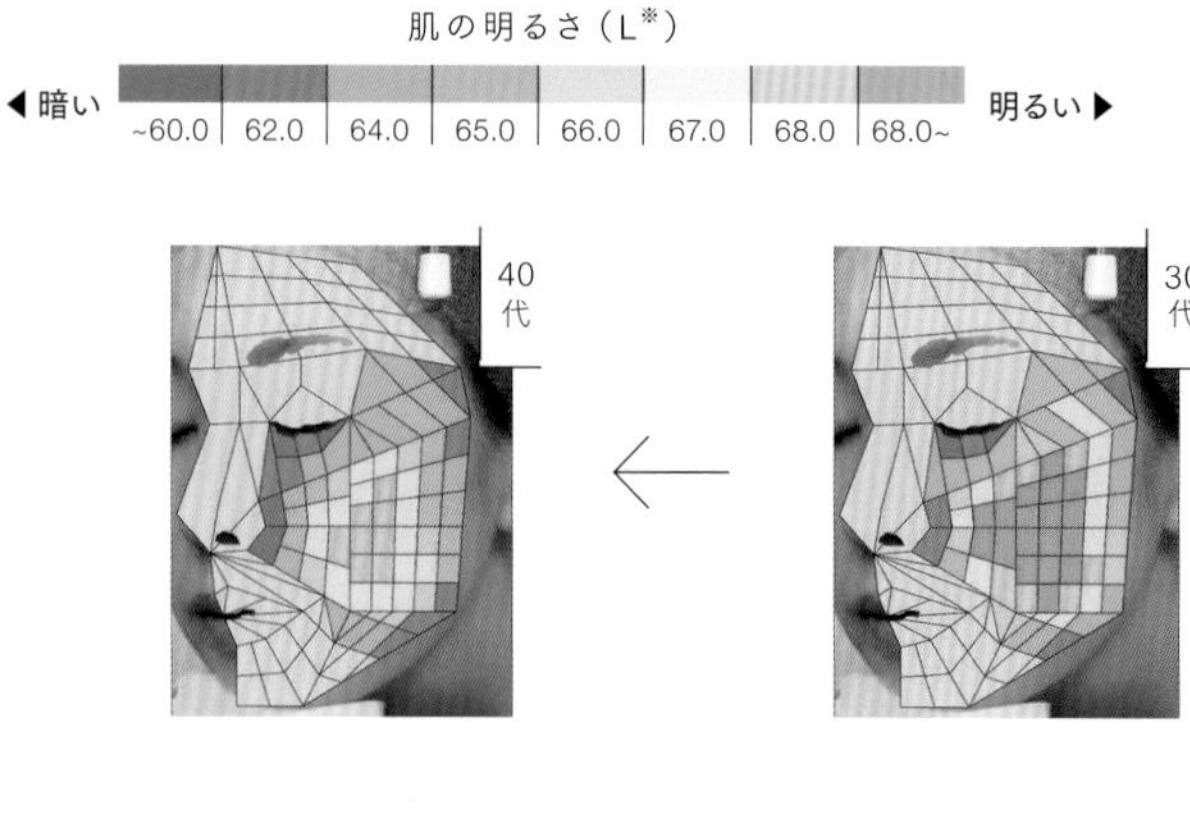

年代別の肌の明るさ

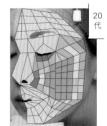

る性質を持っている、メラニンの量に大きく左右されています。

■肌の変化はメラニンの仕業

研究により肌の明るさは40代に入ると、大幅に減少することがわかっています。30代と40代では、明らかに急激な変化が起こるそう。

肌の明るさの変化には、メラニンの変化が大きく関わっています。

メラニンと聞くとシミそのものと捉えがちですが、メラニンは顔全体に広く分布しています。そのメラニン指数が40代に入ると一気に増え、光の反射量を減らしてしまうのです。

肌に黄みが増して、いわゆる「黄ぐすみ」を感じるようになるのも、主に40代から。黄みの原因もメラニンが関与していると考えられています。

年代別のメラニン指数

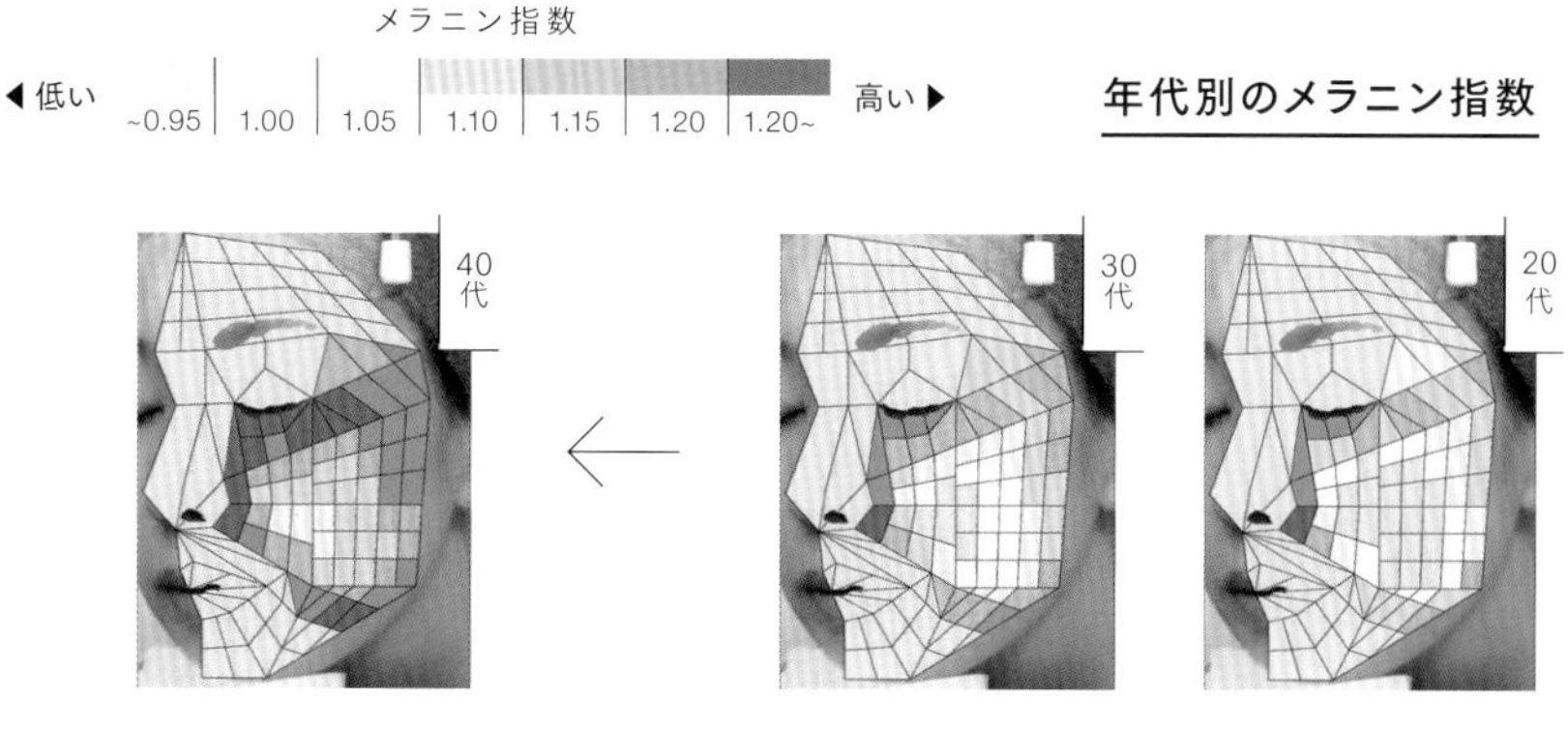

データで実感②

パーツの形も変わってくる！

輪郭や目元が下がってきたと感じている人は多いですが、実は気づかない部分でも変わってきているところがあるのかもしれません。

■変化量が大きいのは40代

実は顔の変化は30代からすでに始まっています。ただし30代から40代にかけての変化が一番大きいのだそう。

〈20代から30代の変化〉

・顔の輪郭が広がる　・口角が下がる

〈30代から40代の変化〉

・目尻が下がる　・まぶた全体が下がる
・唇が痩せる　・口角周りがへこむ
・目と眉毛、鼻と口、口とあごの間の肌面積が広がる

平均顔を見比べ

2019年に作成した日本人の平均顔。目元と口元に注目です。

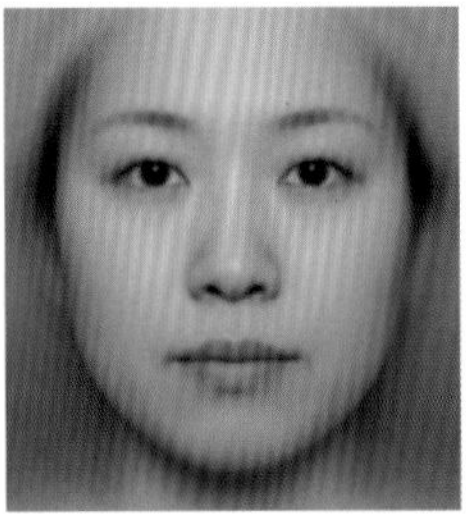

20～30代

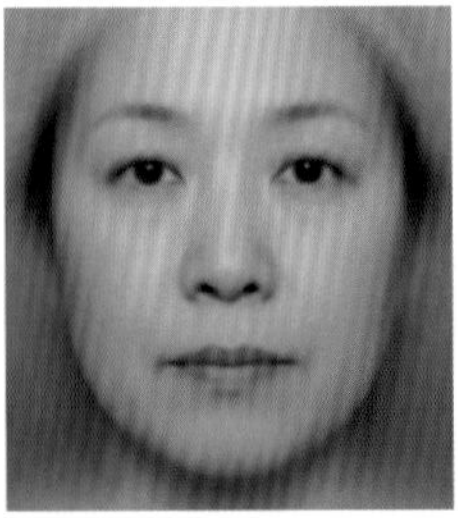

40～50代

〈40代から50代の変化〉
・顔の輪郭が外側へ広がる　・唇が横に広がる
・目が小さくなる兆しが表れる

■特に注目は目元の変化

年齢が上がるにつれて、目元は穏やかに下降する傾向にあります。40代に入ると目尻が下がり、上まぶた全体が目に少しずつ覆いかぶさってきます。上まぶた目尻側のフレームの傾斜が変わってくるので、アイラインを今までと同じように引くと、上手くいかなくなるわけです。

また口元も気をつけておきたいところ。横幅が広がり、唇も薄くなってきます。口角がやんわりと下がって見えるようになり、口周りに凹凸による影が現れ始めます。

目元の変化

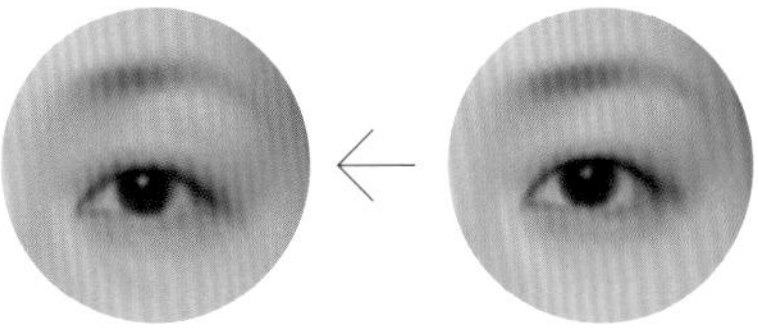

20～30代　40～50代

口元の変化

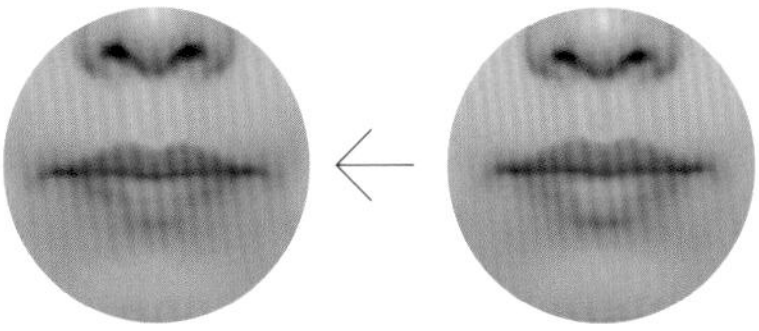

20～30代　40～50代

協力：資生堂みらい開発研究所
肌の明るさは2016年から2018年に測定した解析結果を菊地・勝山研究員より
顔の変化は2019年の解析結果を丸山研究員（現所属・資生堂DTオフィス）より提供

見直すべきは、光、ライン、色 そしてメイクの楽しさ

肌と目周りに特に大きな変化が訪れる40代。アンケートでは今の自分に似合うメイクが分からなくなり、研究結果では肌の明るさやメラニンの量、さらに形が40代から大きく変化することが分かりました。顔は変わってきていても、毎日メイクはルーティーン。なんだかしっくりこなくなってきて、そもそもメイクの楽しさを忘れがちになっている世代、そんな風にいえそうです。

　そんな40代からの見直しメイクで大切なのは、今お伝えした自分の変化を理解して、ポイントを絞って対処することです。

　ただ、メイクは総合競技のようなもの。欠点をすべてカバーしようと奔走しなくても、それぞれのパーツを１００％完成させなくても大丈夫！　顔全体でバランスをとりながら、ポイントを絞ってお悩みを少しずつ調整するだけ。楽しむポイントを見つけて、効果的に仕上げていく。そんな風にして〝今より少しポジティブにメイクをする〟ことが今のあなたに似合うメイクです。

　お客さまへのメイクアドバイスをしてきたなかで、特に高度なテクニックを使わずとも、ほんのちょっとのさじ加減でできることが多くあ

ると強く感じてきました。たった一言のアドバイスでメイクを楽しめるようになり、みるみる表情も変わってキレイになっていく。そんな過程をたくさん見させていただきました。

この本では悩みや研究から分かった40代の今の顔の変化に対応するテクニックと、これから先も顔にフィットしたメイクを楽しむための解決法を３つご紹介します。

①光を味方に！

効果的にツヤのある質感をつくり、無理なく肌を明るく見せる方法

②ラインでリフトアップ

少しずつ下降を感じるパーツをキュッと調整するコツ

そして最後は、

③色のパワーを借りてメイクを楽しむ！

がんばりすぎず、無理もせず。自分にフィットしたメイクを楽しむ秘訣を、ぜひこの本で見つけてください！

Part 01

ENHANCE YOUR BEAUTY

光を操って
顔をブライトアップ

まず見直したいのは顔全体の輝き。明るさの変化を調整してツヤと輝きを演出すれば、大人ならではの悩みも怖くなくなります。気になるところだけ見直して、今の自分にぴったりの肌へ。

SKIN CARE & BASE MAKEUP / FOUNDATION / EYE ZONE / BLUSH / SKIN PROBLEMS

Method

光を味方に。明るさを引き出すツヤの役割

大人の肌はツヤさえあればうまくいく。おおげさではなく、本当にそうなのです。輝きを放つ肌の前では悩みだったシミやシワもちっぽけに感じられるもの。お悩みに対処してばかりのメイクに疲れてしまう前に、まずツヤの効果を見直して。

明るさも透明感も
ツヤが連れてきてくれる

20代や30代と、40代からではツヤの役割は大きく変わってきています。私たちの肌にとってツヤを纏うということは、いうなれば肌に光の反射板をつくるようなものです。

メラニンが増えてきて急速に明るさを失いつつある私たちの肌。さらに毛穴の開きやたるみ、シワやほうれい線などによって凹凸が増え、顔のところどころに小さな影が増加することで、光を素直に反射できなくなってきています。

光を狙いどおりに跳ね返すコツさえ手に入れれば、顔が雲で陰ったように見えず、いきいきとしたフレッシュな肌に導くことができます。

ツヤのある肌は、素肌よりもずっと明るく感じられ、透明感にもつながるから不思議。人はみずみずしく輝く肌に心惹かれ、生命感を感じますよね。そんな肌に調整できれば、まだ薄いシミやシワなら必要以上に隠さなくても、気にならなくなるはず。

私がみなさんに最初に見直してほしいメイクこそ、今お伝えしたツヤの効果と使いこなしです。40代からの肌と顔にとって、ツヤはそれだけ欠かせないものなのです。

40代からは品の良い、少しフォギーな優しいツヤや、みずみずしいツヤがおすすめ。オイリー過ぎるツヤや、ギラっと強いツヤは、逆に肌の凹凸を強調してしまうから気をつけて。

朝のスキンケアこそ美容液でパワーチャージ

スキンケアがきちんとできていなければ、その上に何を塗っても効果半減。慌ただしい朝はつい手短にスキンケアを終わらせてしまいがちですが、最終的にきれいなツヤにつながる土台は、スキンケアから始まっています。40代以上、特に目周りや口周りは乾燥気味な肌の方が多いと感じます。保湿が足りないまま1日をスタートしてしまうと、肌が潤いを補おうと皮脂を過剰に分泌し、余計なテカリやメイク崩れの原因につながってしまうことも。

朝、肌の調子を整えてくれるアイテムをひとつ加えるだけでも変わってきます。それは肌にパワーチャージをしてくれる美容液。もしこれから手に入れるなら、40代以上は年齢に応じたお手入れができるエイジングケアタイプの美容液がおすすめです。なめらかに肌のキメが整い、潤いによる透明感で満たされて、今まで実感できなかった美容液のパワーをより感じられるようになるのも40代から。

そして下地の前に、スキンケアで肌が変わったことを確認するのも忘れずに。透明感ともちもちとした手触りを感じたら、〝メイクを始めてOK〟の合図です。

化粧水でしっかりと保湿した後、みずみずしくてベタつきの少ない美容液を。ジェル状のタイプなど肌なじみの良いものを選ぶと、メイクのノリにも影響せず使いやすい。美容液の後は乳液を丁寧になじませて。

credit→p182（1、2、3）

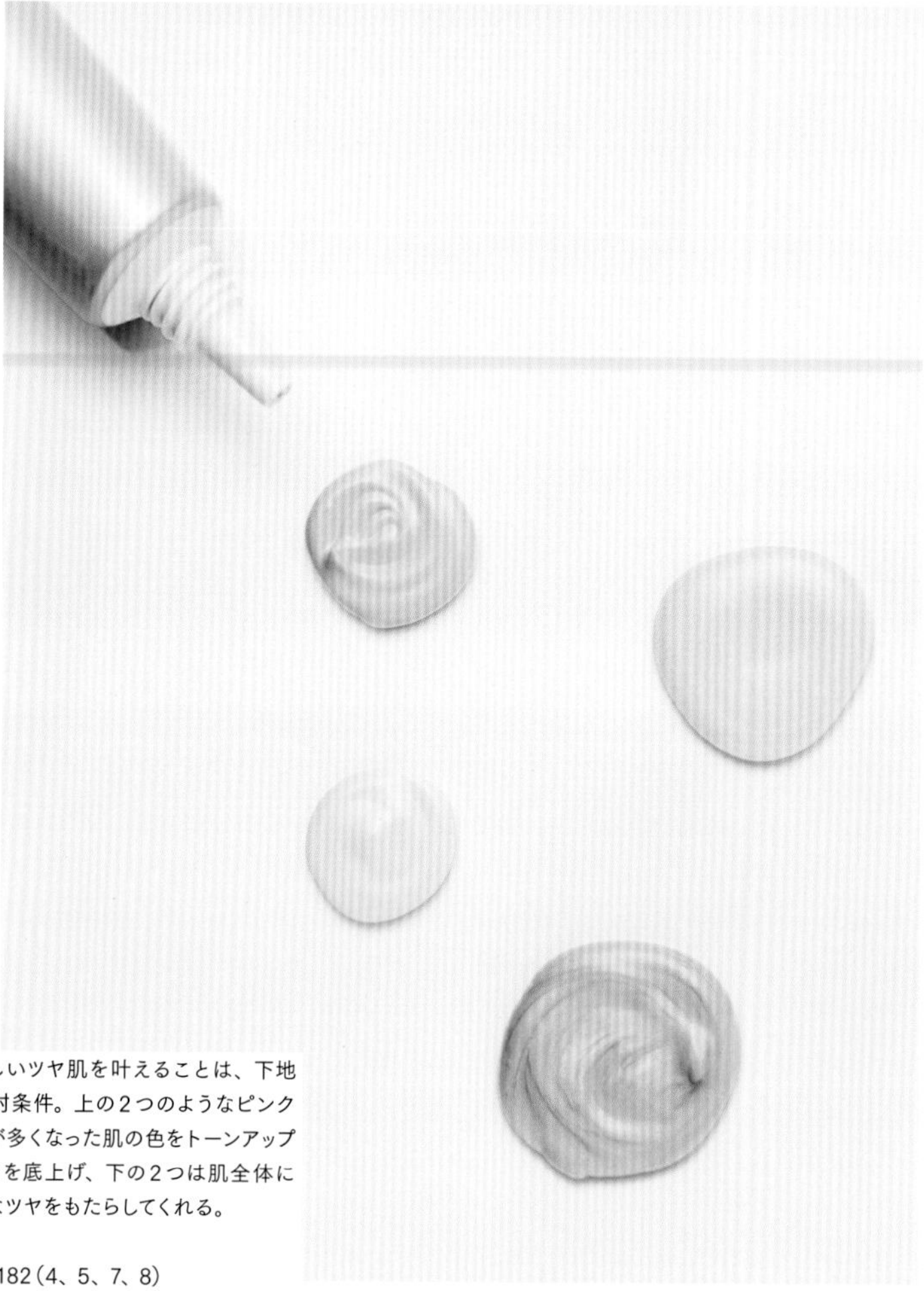

みずみずしいツヤ肌を叶えることは、下地選びの絶対条件。上の2つのようなピンク系は黄みが多くなった肌の色をトーンアップして明るさを底上げ、下の2つは肌全体にヘルシーなツヤをもたらしてくれる。

credit→p182（4、5、7、8）

小ジワ・毛穴が気になる人は肌の凸凹を補正する目的に特化した下地をプラスしても。ファンデーションが小ジワなどに入り込むのを防いでくれるスティック状の透明タイプは、厚塗りにならないのが嬉しい。

credit→p182（6）

大人の薄づき肌は
ファンデよりも下地選び

スキンケアの次は下地。ここまでで肌づくりがほぼ決まるといっても良いでしょう。肌の凹凸をなめらかに見せて、色ムラや明るさも調整してくれる下地で顔色全体を底上げするのが、大人の薄づき肌への近道です。ファンデーションを必要以上に塗ることもなく、コンシーラーなどのポイントケアも、少なく絞れるようになります。

肌の黄みが多くなる40代から選ぶべき下地は、みずみずしくツヤのあるタイプで、ほんのりピンクからベージュ、オレンジ系の色み。肌の黄みを自然に補正してくれる色が、大人の肌には良く馴染みます。特に黄ぐすみが気になる人は、ラベンダー系もあり。すべての色ムラや肌悩みをカバーしなくても、顔全体がふわっと明るくなればＯＫです。

テクスチャーについては、乾燥肌の人は保湿力があるタイプを、またよりツヤ感を重視したい人は、繊細なパール感のあるものを選んでも。季節を問わずＵＶ効果が入っていることはもちろんマスト！

効率的に肌づくりしたい時には高機能なＢＢクリームでも構いませんが、下地とファンデーションのセットで肌づくりをしたほうが、断然、薄づきかつ大人の明るい肌は叶えられます。

もちろん時間がない日はBBクリームなどに頼って！ ただ1本で悩みも隠せるタイプとなるとカバー力もそこそこ高いため、急いで厚塗りになりすぎないように注意して。

忍び寄る影も疲れも下地の重ねづけにおまかせ

下地をとりあえず顔全体に塗って終わり！という方も多いのでは？

下地は重ねて塗ることで効果を最大限発揮させることができます。

ファンデーションの厚塗りも、コンシーラーを沢山のせるのも、ナチュラルで健康的なツヤ感とはほど遠くなっていきますよね。むしろさらに老け見えさせてしまうことだってあるのです。

でも下地の重ねづけだけは違います。重ねるとその部分の明るさとツヤが増し、肌がなめらかになって光まで反射しやすくなるのです。

重ねづけが必要な部分は、顔の中で一番明るさを表現したい場所、目の周りです。もっとも光を受けやすく、でももっとも疲れや影が出やすい目周り。人の視線が真っ先に行く目周りこそ、下地の時点でしっかりトーンアップしておく。それが、光を操る肌づくりの第一段階です。

とはいえ方法は簡単！顔全体をトーンアップした後に、同じ下地を目周り中心に重ねづけするだけです。こめかみのくぼみや頬のこけてきた部分など気になるところがあれば、重ねづけを。光の反射によって、明るくふっくらと見せられます。

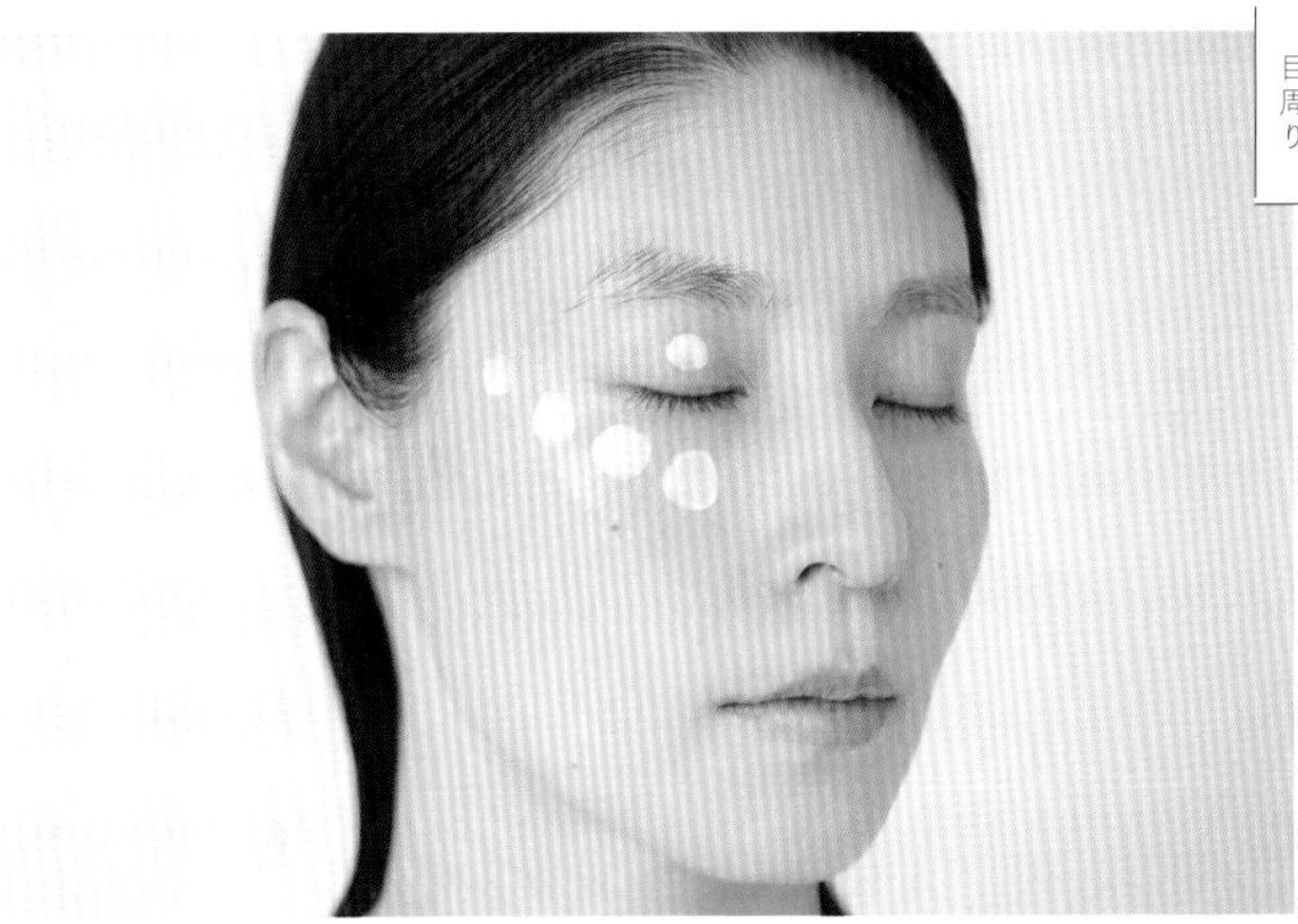

目周り

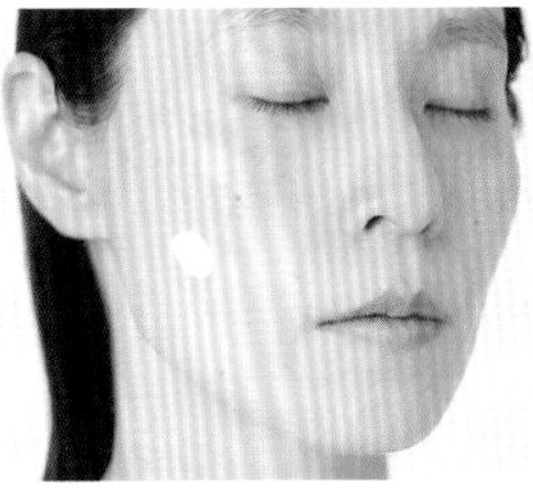

頬のこけ

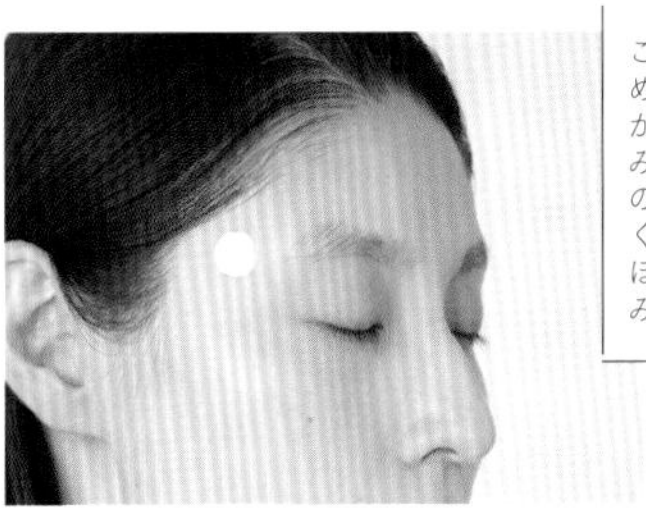

こめかみのくぼみ

（上）目の下から頬骨の高い位置にかけてと、上まぶたに重ねづけする。伸ばしすぎるとメリハリがなくなるので、トントンとその場所に置くように。（下）こめかみ部分がへこんでいたり、頬がこけていると感じる人は写真部分にも重ねづけをすると効果的。

Method

一番カバーするべき所に。ファンデは必ず黒目の下から

はじめにのせる場所が一番カバーできるところ。どこを一番カバーするべきかを覚えておくと、メイクはずっと楽になります。ファンデーションの場合は「黒目の下から」塗り始めること。これだけ覚えておけば、後はだいたいで大丈夫！

ファンデーションだけに頼らない

ファンデーションは肌をキレイに整えてくれる、とても重要なアイテム。ついついファンデーションですべての肌悩みを解決しようとしてしまいがちですが、ファンデーションは「気負わず最小限」が合い言葉。

その役割はカバーすべき顔の中心部を主に仕上げるのみ、と捉えましょう。そもそも肌づくりは、スキンケアからハイライトまで、それぞれのアイテムの機能を最大限に発揮させて完成させればいいもの。１００％ファンデーションだけで完成させようと頑張らなくても大丈夫です。少し力を抜いて仕上げていきましょう。

ファンデーションのパワーを最大限に引き出すポイントは、塗り方。「カバーすべきところから始める」が基本です。一投目が一番しっかり、厚く塗れてカバーできるからです。

だからファンデーションは、黒目の下から塗り始めるのが正解！黒目の下、目周りは大人の肌のくすみ、疲れ、色ムラが多く出現するしっかりとカバーしたいゾーン。シミやくすみ、シワなどを隠そうと、全体にファンデを塗るよりも、まずは目の下を明るくすることが透明感のある、明るい肌を手に入れる近道です。

スキンケア・下地できちんと肌を底上げしておくと、今まで使っていたファンデーションのままでも、きれいに明るく仕上がります。

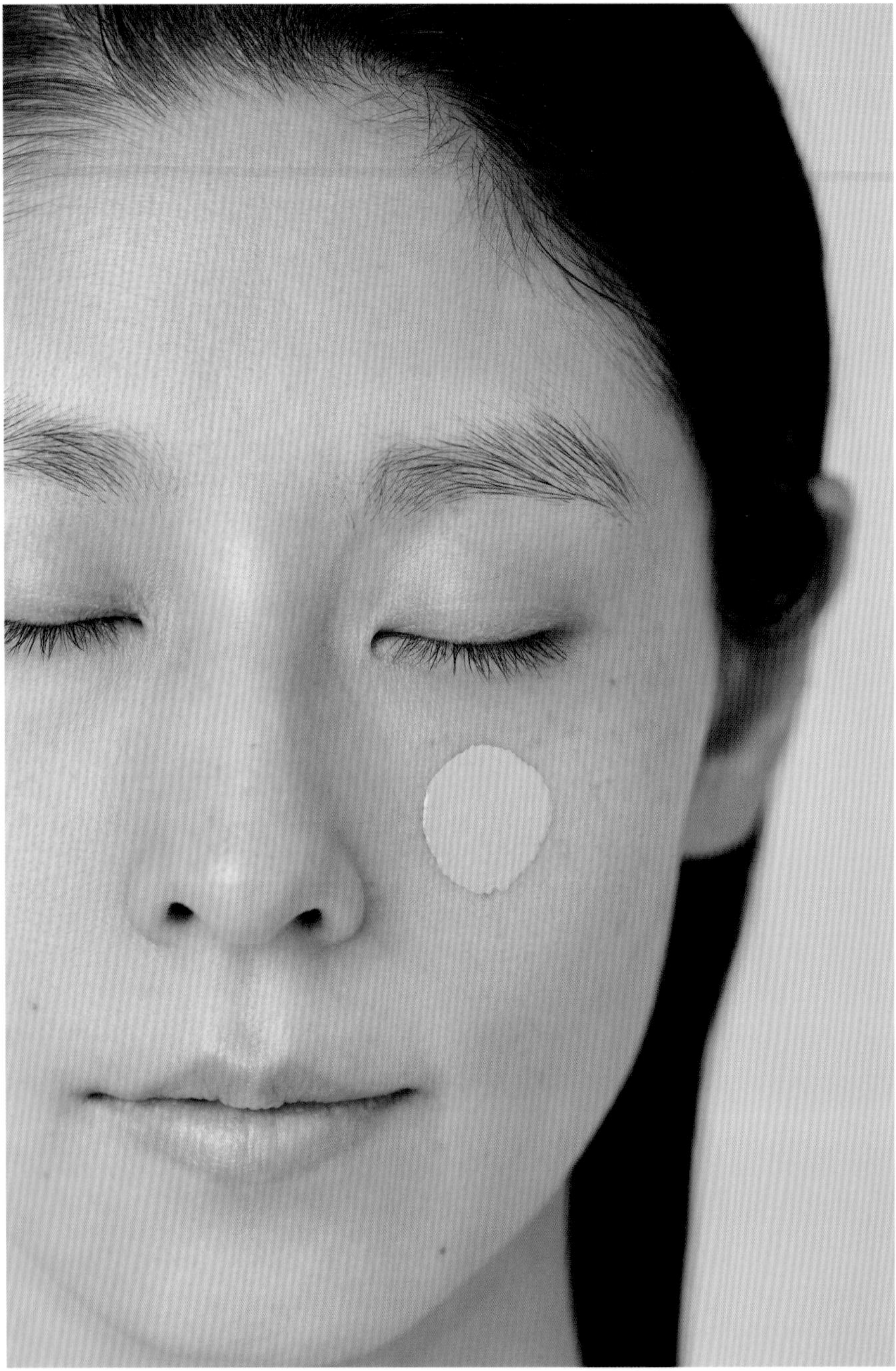

ツヤとなめらかさを叶える最適ファンデにチェンジ

40代以降のファンデーション選びでこだわるべきは、やっぱりツヤ感。ツヤ肌に仕上がりやすいのは、リキッド・クリームタイプやクッションファンデ。パウダーファンデーションも進化していますが、リキッド系のツヤには叶わないなと感じています。どのタイプのファンデーションも、カバー力があってツヤ肌やグロウ肌とうたっているなめらかなタイプを選ぶことで、光を反射しやすくキメが整ったような明るい肌を演出できます。

色や明るさは、できるだけ自分の肌に近いものを。つい目指したい明るい色を選びたくなりますが、明るすぎるとシミや、目の下のくまなどが透けてグレイッシュに見えてしまうこともあるので注意して。自分の肌と同じくらいの色か、少し濃いかなと思うくらいのほうが結果的に肌悩みをカバーして、肌をきれいに見せられます。

量にも注意です。黒目の下に１００円玉くらいの大きさをのせたとしたら、その他の部分は小さなパール粒くらいでもいいくらい。足りなかったら重ねる程度にして、しっかりと肌にフィットさせられているかどうかを確認しながら仕上げてみて。

3段階のツヤ肌ファンデテクニック

ファンデーションは基本的に顔の中心部にしっかり塗れていれば、他の部分は馴染ませる程度で大丈夫。実はテクニックいらずです！

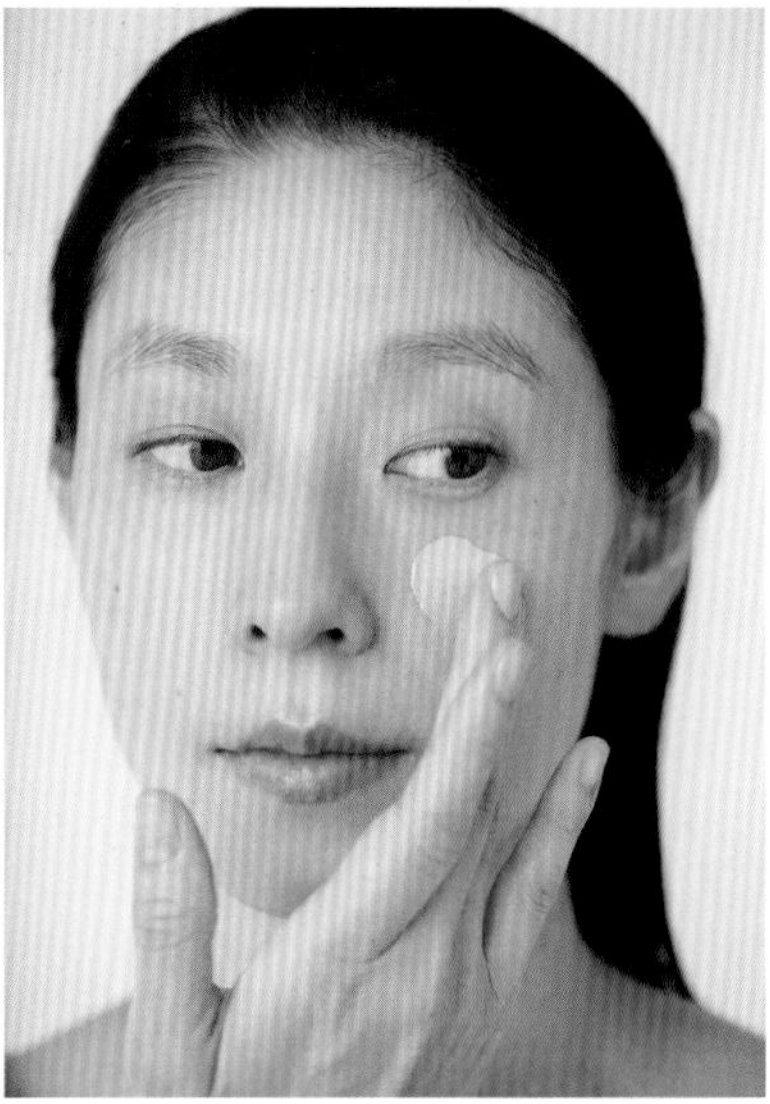

1.

ツヤの出るファンデを黒目の下にON

ファンデーションの規定量を黒目の下位置に丸く置き、広げすぎないように馴染ませます。

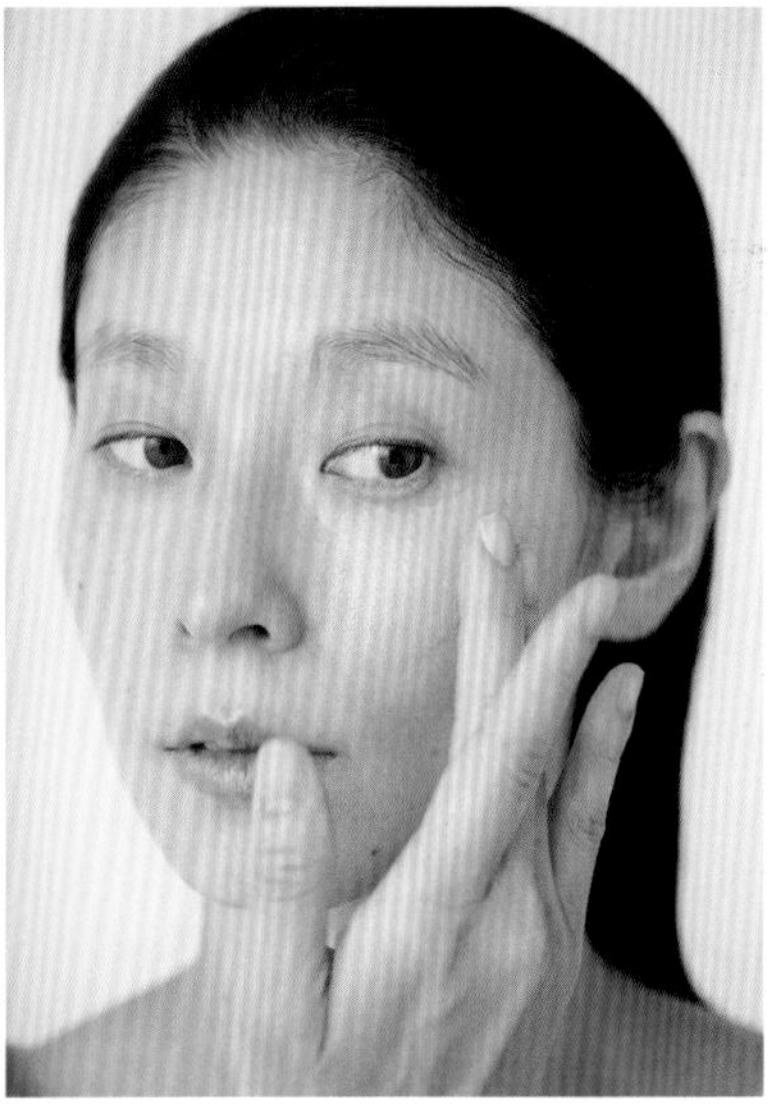

2.

軽く叩くように指でトントン

下地を重ね塗りした部分と重なるように、ファンデーションを目周りから頬中心に広げていきます。中指と薬指でトントンと軽く叩くようにして、肌にのせていくと上滑りしません。

POINT

クッションファンデやパウダリーファンデなどスポンジで塗る場合も、同じように黒目の下からスタート。トントンと置くように目周りや顔の中心に馴染ませたら、スポンジに残ったファンデを顔の外側と額に伸ばします。

3.

中心と小鼻周りはくるくると薄づきに

2からつなげるように鼻筋、小鼻周りにファンデーションを塗り広げます。小鼻周りは肌の上で指先をくるくると回転させて優しく塗ると、毛穴の凹凸にフィットしたちょうど良い薄づき具合になります。

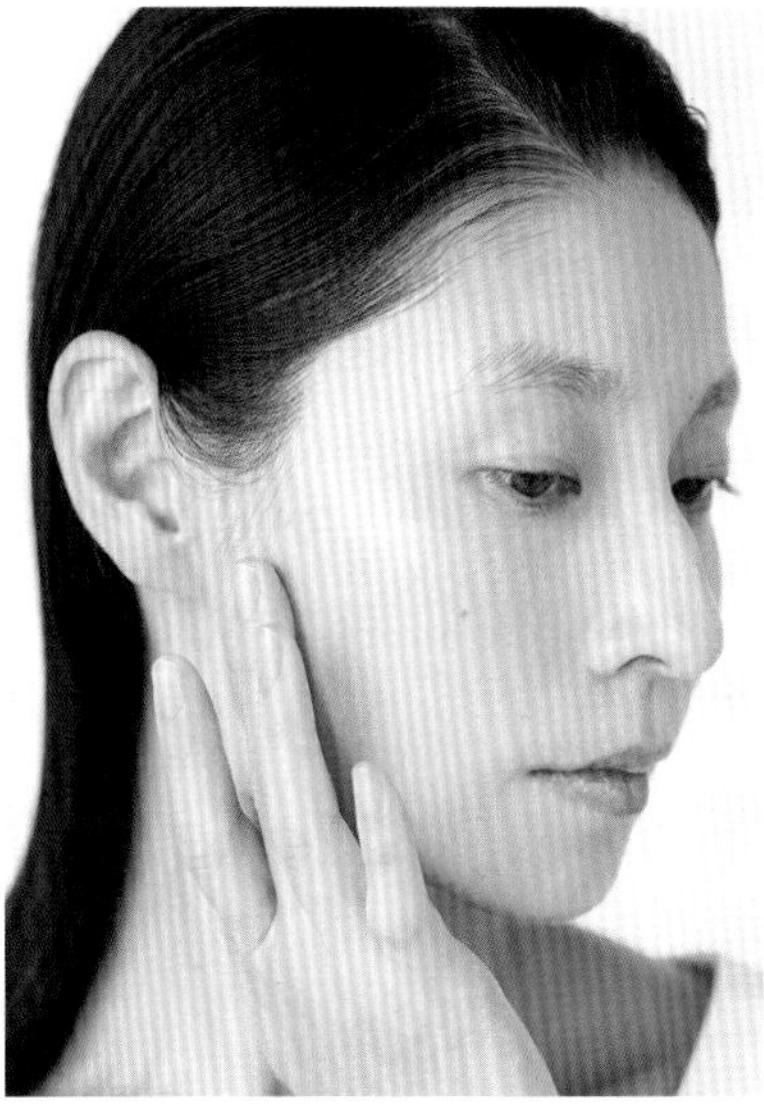

4.

額や顔の外側はスーッと伸ばすだけ

額と顔の外側にかけては、残っているファンデーションを伸ばすように、指をスーッと滑らせて薄く馴染ませます。その後、シミやクマ・ほうれい線など、気になるところをスポット的にカバー（p56-63で解説）。

Method

顔全体にお粉はいらない。テカリゾーンだけポイント抑え

ツヤとテカリは紙一重。場所によって見え方が変わります。だから顔全体にお粉をはたいてしまうと、せっかくのツヤまで効果半減。40代からの仕上げのお粉は、ツヤを残してテカリだけを狙うのが見直しのコツです。

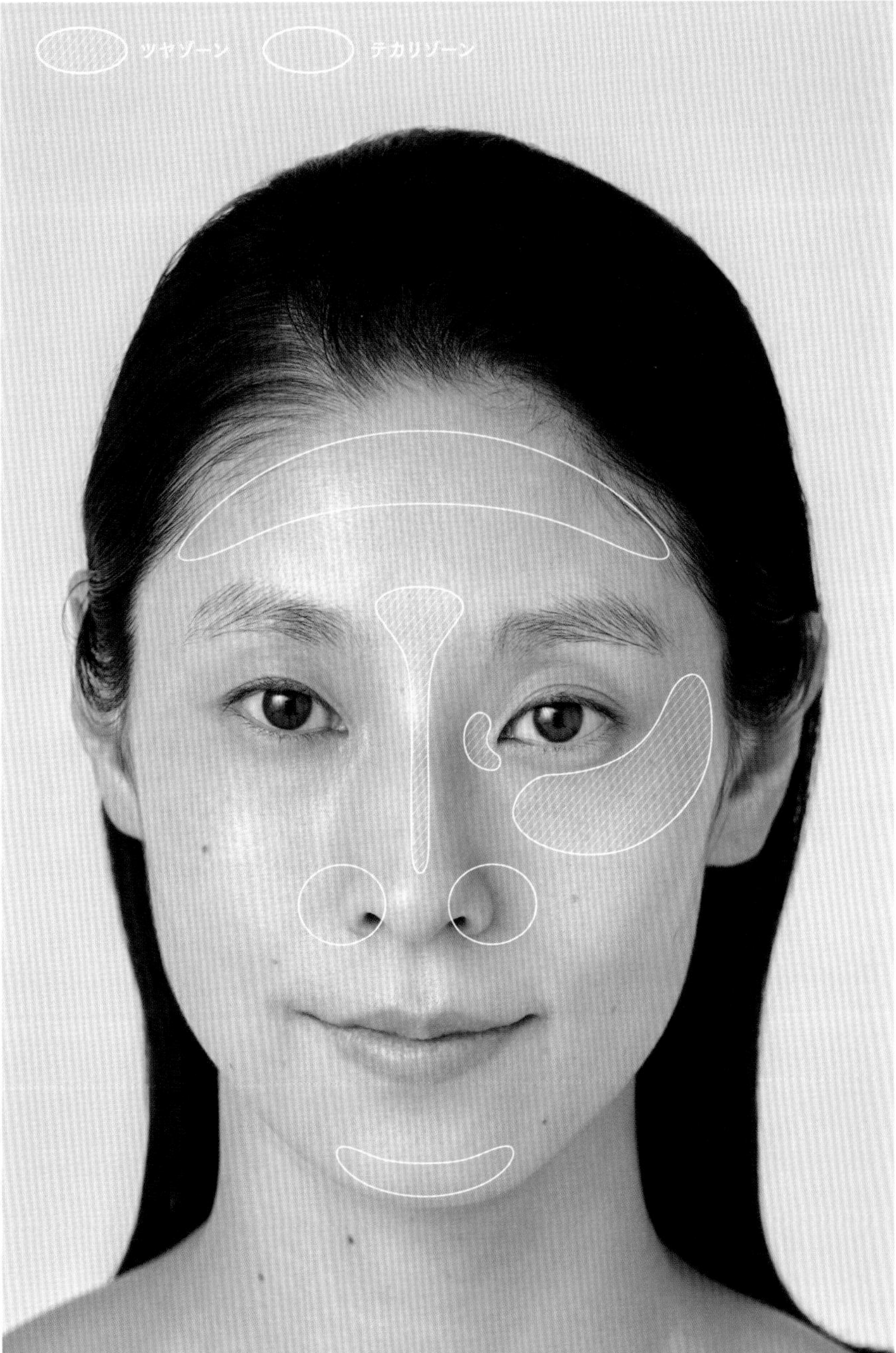
ツヤゾーン
テカリゾーン

テカリだけを抑えて
生まれたてのようなツヤ肌に

これまで仕上げのパウダーを顔全体にはたいていたのなら、このパウダーテクニックは試してみる価値あり！ 乾きやすい大人の肌には小さい筆で、テカリゾーンだけを狙い撃ちしていく方法が効果的です。

ここまで下地、ファンデーションと、艶めく肌を目指してきたわけですが、テカリゾーンにもツヤを残したままなのはとっても危険。Tゾーンや小鼻周りなどただでさえ皮脂が浮いてきやすいテカリゾーンは、品の良いツヤでさえもテカリと感じられてしまう場所です。

テカリやすい部分のツヤだけを抑えてあげると、コントラストが効いてツヤが一層引き立ちます。その輝きはまるで元から発光しているかのよう。パウダーテクニックを見直せば、ハイライトなくしても〝生まれたてのようなツヤ肌〟をこれからでも手に入れられるのです。

お粉は粒子が細かく薄づきで、透明感のあるルースパウダーやプレストパウダーをセレクトするのがおすすめです。カバー力があるパウダーもありますが、テカリを抑えるのが目的なのでカバー力はそれほど必要ありません。ブラシを使うと粉のつきすぎを防いで、より肌にフィットしますよ。

撮影時でも自分のメイクでも、私は幅2センチ弱のブラシを愛用。小鼻や目周りなど小さなくぼみにもフィットしてくれるので狙いを外さずにつけられます（詳しくはp68）。

小さめブラシで凹凸にフィット

パウダーをのせるのは39ページで囲んだ、額と小鼻周り、
そしてあご先のテカリゾーン。一緒に目周りにもお粉を。

1. 目周りは見落としがち お粉でフィックスさせて

上まぶた全体と眉周り、そして下まぶたのキワは、アイメイクの下準備としてブラシで軽く粉をのせます。テカリゾーンを押さえる時に一緒にお粉を。

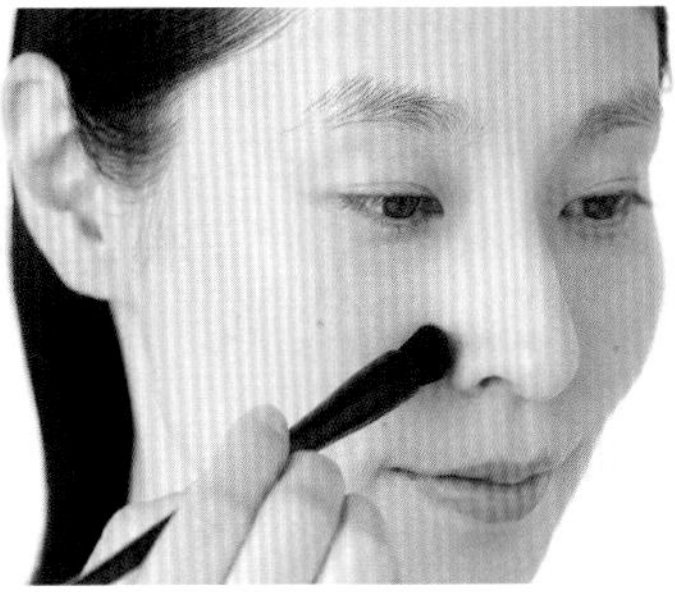

2. 小鼻周りはていねいに フィットさせて

小鼻や、小鼻脇の頬の周りはヨレやすいので、ブラシで凹凸にフィットさせるようにして、パウダーをしっかりのせます。額やあご下など広いゾーンは、ブラシで軽くなぞるようにしてパウダーを薄くのせます。

スポンジやパフでパウダーをのせる場合は、写真のように半分に折ったスポンジの角を小鼻の脇に押し当てるようにすると、パウダーを肌の凹凸にうまくフィットさせられます。

Method

光を集めて、光を放つ。目周りにスポットライトを

瞳に強さと輝きがある人はとても魅力的です。目周りが明るく輝いていると、顔全体がいきいきとした印象に。大人のメイクにとって目周りは重要なポイント。目周りこそ光を集めて、輝かせたい場所なのです。

上まぶたに下地とファンデ塗り忘れていませんか？

アイシャドウがきれいに発色しなくなりました……。

40代を超えたあたりからメイクカウンセリングやアンケートで、このお悩みを挙げる人が一気に増え始めます。

目周りは年齢とともに影（肌の暗さを感じさせる要素）が増えやすい場所です。なかでも見逃しがちなのが上まぶたの影。実は上まぶたはくすみが出やすく、気づかないうちにまぶたの肌の色が変わってきている人が多いと感じます。アイシャドウの発色が今までと違うと感じる理由のひとつとして、このくすみがアイシャドウの色を本来の色よりもくすんで見せてしまっている可能性が考えられます。

そもそも、上まぶたに下地やファンデーションを塗り忘れていませんか？　そう聞くと、「あっ」という人がけっこういます。

下地もファンデも肌色をコントロールするとともに、ツヤを引き出し、光を集めるためのもの。影が増えてきた上まぶたにこそ、ぜひ忘れずに塗ってくださいね。

ただ目周りはよく動く部分。薄くフィットさせるようにカバーして、アイメイクの前にお粉などでフィックスさせることも忘れないように。

アイシャドウの発色を叶えてくれる専用のベースもあるのでトライしてみても。
くすみをカバーしたり、ヨレを防止してくれる効果もあります。

下まぶたの立体影には ハイライトを投入

　クマやくすみなどといった慢性的な暗さが出やすい下まぶた。たるみが出てきた人も多いのでは？クマをコンシーラーでカバーしても暗さが消えにくい……という人の原因は、たるみによる立体の影かもしれません。こういった影は、色のコントロールだけではどうしても消しきれません。そんなときこそ、光とツヤのパワー！ハイライト系のアイテムを肌づくりの最後に、下まぶたのクマゾーンに足してください。光の反射で立体の影をカモフラージュできます。

ツヤ感がほしい人や、乾燥が気になる人はスティック状のクリームタイプ（右）を黒目の下を中心に指でトントンと。ふわっと優しい光を足したい人はパウダータイプ（左）をブラシでふんわりのせて。

credit→p183（3、4）

上まぶたのくぼみには仕上げの質感シャドウ

上まぶたのくぼみが気になってきたら、質感を足せるシャドウに頼るタイミングです。

大人の女性の少し落ちくぼんだ深い瞳は、思慮深く、それでいて色気もあって……。若い人には手に入れられない、大人の美しさだと感じています。でもともすると上まぶたのくぼみの濃い影は、疲れて見える原因にも。できれば濃い影の印象は抑えたいものです。

質感を足せるシャドウとは、繊細なラメやパール感が入った膨張色のアイカラーのこと。色みをあまり感じさせない、白からベージュなどがおすすめです。使い方は好みのアイシャドウで仕上げた後に、上まぶたに質感アイシャドウをふわっとのせるだけ。繊細な輝きがまぶたのくぼみをふっくらと見せ、きらめく質感が光を反射。ハリのあるいきいきとした目元に仕上がります。

若い頃のハリのあるまぶたにとって、アイシャドウは陰影をつける役割でしたよね。でも大人のまぶたに必要なのは、影よりも光です。ダークな締め色を入れる範囲は控えめに。くぼみが深い人は、むしろ締め色を使わないくらいでも良いと思います。

きれいなグラデーションシャドウも素敵ですが、一度、締め色を手放してみても。様子を見ながら締め色を足し引きして、今のまぶたのちょうど良いさじ加減を見つけて。

アイシャドウの仕上げに、繊細なパール感のある質感シャドウを指でオン。黒目の上のくぼんでいるところを中心に、アイホールの丸みに沿って全体にふんわりとのせる。

質感を足せるシャドウの役割は色を見せるのではなく、光と明るさを与えてまぶたをふっくらと見せること。くすみがふんわり明るくなって、小じわにも入り込まないくらいの繊細なパール感のあるアイシャドウを選んで。

credit→p183(6)

下まぶたのキワに沿って目頭から目尻までラインを引く。ラインを感じさせずナチュラルにしたいときは、目頭3分の1程度だけ引くとさりげない印象に。

アイシャドウでも良いですが、おすすめはペンシルタイプ。あたりがソフトで優しく、かつ細くピンポイントで入れられるのでおすすめ。

credit→p183（5）

下まぶたをレフ板に
瞳の輝きを手に入れて

瞳の輝きがいまひとつ。元気がないわけじゃないのに、なんだか目がはっきりとしていない気がする……。そういう時に大人が手にするべきは、黒のラインやダークなシャドウではありません。暗さで囲んで目の印象を強めようとするのはそろそろ卒業するときです。

上まぶたが光を集め、光を放つ場所だとしたら、下まぶたは瞳に輝きを与えられる場所です。

輝きを仕込む場所は瞳のほど近く、下まぶたのキワ。艶やかなテクスチャーで肌馴染みの良いアイシャドウやペンシルで、キワに沿って細めのラインを入れていきます。

色みはピンクベージュなど、少し暖かい色がおすすめ。白やシルバーは強すぎて、品がなくなってしまいます。また黄みが強いものは、肌や目周りの黄ぐすみを強調してしまうこともあるので避けたほうが良いでしょう。質感は、上まぶたの質感シャドウが繊細なパールなら、下まぶたのキワは少し輝度が高くパールが少々大きめでも大丈夫。メイク全体のアクセントにすることもできます。アイメイクに時間は割けないけれど、さりげなく目を印象付けたい……そんなときにもおすすめです。

メイク感を強めたくないけれど、目をいきいきさせたい！と思う時に撮影などでもよく使うテクニック。簡単かつ効果的なのでおすすめです。

目周りに光を集めるテクニック

目周りの明るさは顔全体の印象アップにつながります。
ひとプロセスずつ、明るくなっていくのを感じながら進めてみて。

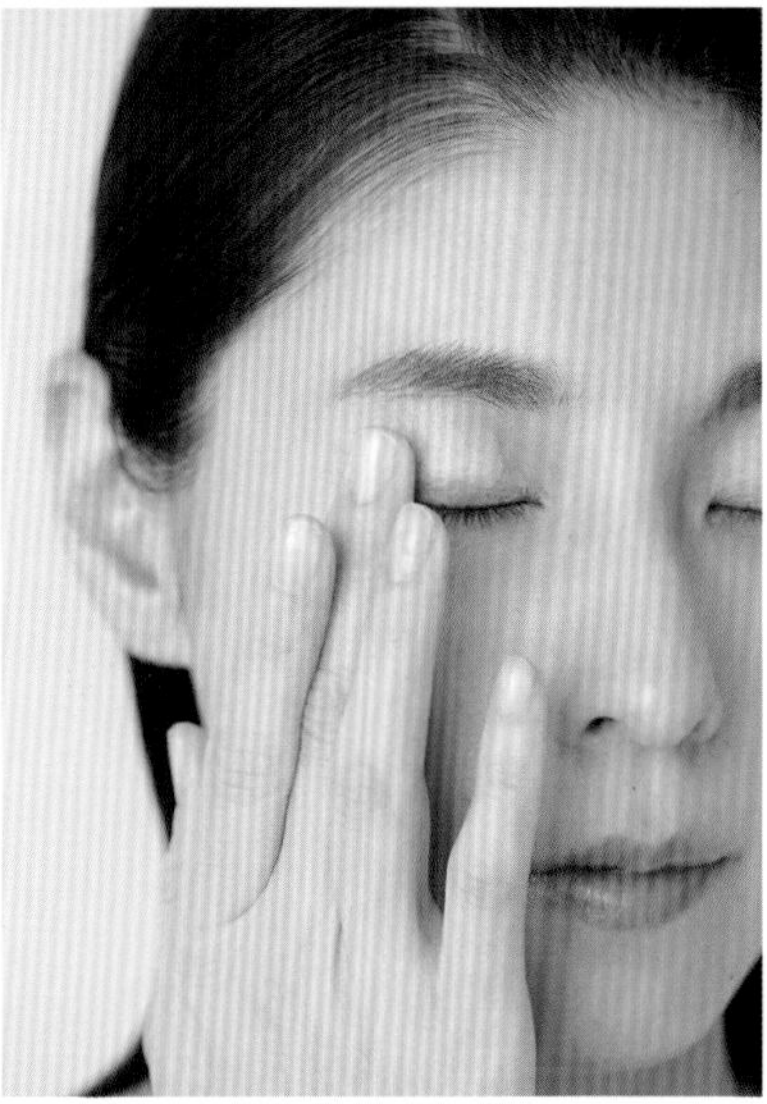

1.

アイメイクは
下地&ファンデから

下地、ファンデーションともに上まぶたにも忘れずに塗ります。動きが多い目周りはヨレやすいため、少なめの量をしっかりフィットさせて。指でワイプするように塗っていきましょう。

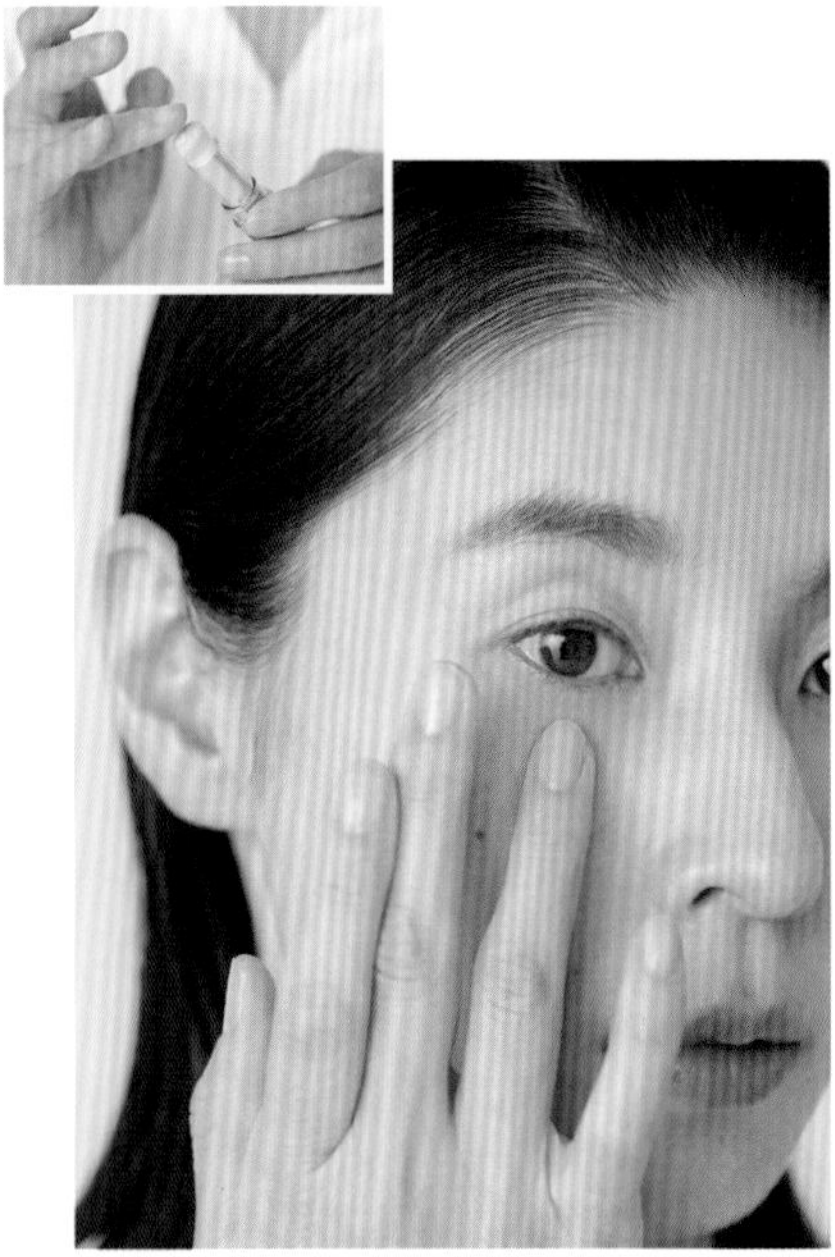

2.

下まぶたの立体影を
カモフラージュ

たるみなどによる立体的な影はハイライトのツヤでカモフラージュ。スティック状のクリームタイプを指先にとり、黒目の下を中心に影を感じる部分にのせます。トントンと軽く置くようになじませて。

POINT

見直しテクすべてを一気に取り入れる必要はありません。今の自分の目周りに合ったものを、まず1つ、見直してみてください。まぶたに下地とファンデを塗ることだけはお忘れなく！

3.

上まぶたの仕上げは質感シャドウ

アイシャドウを普段どおり入れたら、仕上げに繊細なパール感のあるシャドウをかぶせます。黒目の上のくぼんでいる箇所を中心に、アイホールの丸みに沿って指で全体にふんわりとのせます。

4.

瞳に輝きを映すレフ版ライン

下まぶたのキワに目頭から目尻に向かって、細いラインで輝きのあるアイカラーを入れます。輝度の高い優しいローズカラーをセレクト。

Method

色から艶へ。チークにも光を集めるお役目を

大人のメイクの基本は、色はさりげなく、質感でフレッシュさと上品さを感じさせるメイク。チークも可愛らしさを表現するアイテムから、肌の生命感を高めるアイテムへと役割をチェンジさせると、今の顔にしっくりいくように。

艶めく肌へもうひと押し！
チーク選びは質感重視

40代からのチークは、ベースメイクの延長です。彩りよりも肌をきれいに見せるためのものと考えましょう。

チークはメイクのパーツの中でも範囲が大きいものです。だから質感選びを間違えて、万が一粉っぽさが出てしまうとここまで仕込んできたせっかくのツヤまで失われ、光を反射できなくなってしまいます。色ももちろん大事ですが、これからは質感にこそこだわってチークを選んでください。

逆にチークを使いこなせれば、どんなに疲れている日でも、フレッシュでみずみずしい素肌を演出できるようになります。メリハリが出ることで、リフトアップ効果だって期待できますよ。

ツヤ感を出すのに間違いないのは、クリームタイプのチークです。肌から滲み出る自然なツヤと血色感を叶えてくれます。パウダータイプのほうが使いやすいという人は、肌にのせたときに自然なツヤのある質感に仕上がるものを選んでください。

また、ハイライトをセットで使っても効果大！　チークで血色感を与えたら、さらにその周囲にハイライトでツヤと明るさを加えます。

肌にハリツヤが足りないと感じる日は特にツヤ感のあるチークに頼って。また顔色が冴えない日のために、肌の色問わず自然な血色感を演出できるレッド系チークを持っておくと便利です。

ハイライトの重ねづけでフレッシュな肌に

チークを入れる位置も見直しどきです。頬の高い位置に光を集め、
みずみずしく、きゅっと引き上がった顔に。

チークカラー　ハイライト

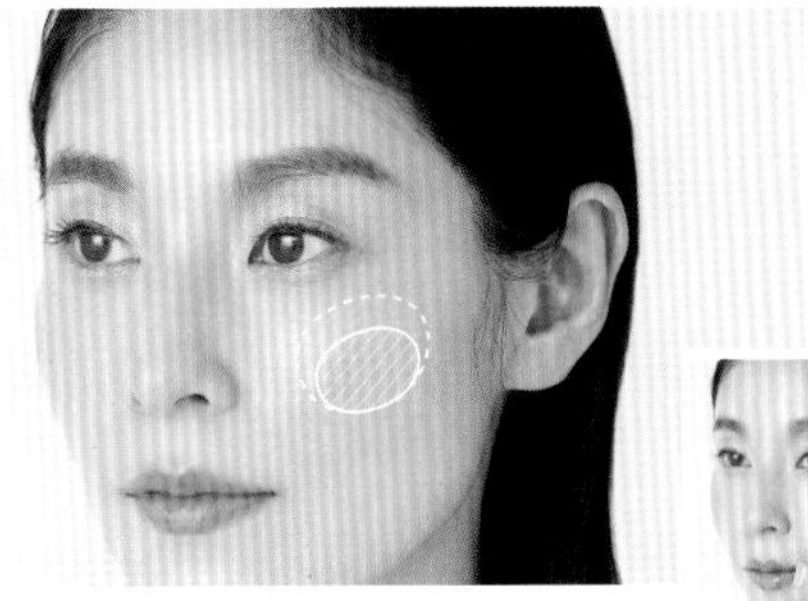

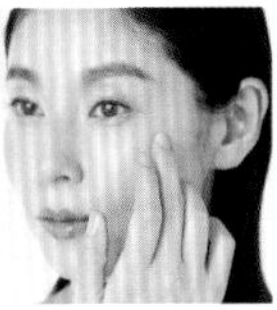

クリーム
チーク

ツヤ感チークと ハイライトのW使い

笑ったときに一番高くなる位置を中心に、楕円形にチークを入れます。ハイライトは少しだけ重なるように頬の高い位置に重ね付け。チークのみの場合は、チークゾーンのみに。

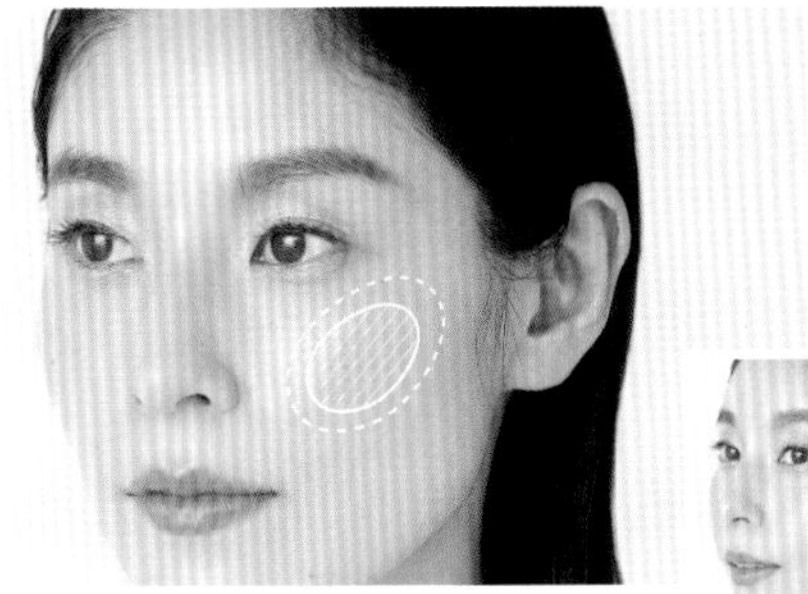

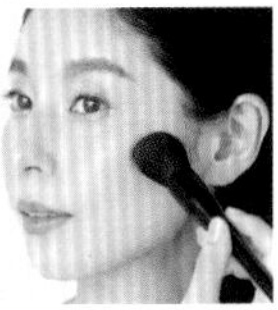

パウダー
チーク

ふんわりフォギーな ツヤ感を頬全体に

頬骨の高い位置に楕円形にチークを入れたら、上からふんわりとハイライトパウダーを重ねて入れます。やさしくふんわりしたツヤ感に。

(左)血色感とツヤ感、両方求めるならクリームタイプを。(中)ハイライトとセットになっているタイプも。(右)パウダータイプの上から使用するときはギラギラしていないパール感のハイライト系を。

Credit→p183(7、8、9)

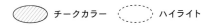

Method

ツール使いと
見直しテクニックで
小さな影を攻略

肌のあちこちに出始めてきた気になる影。小さい影も集まると、肌に暗い印象をもたらします。しっかり隠せて、だけど薄づきも叶えられる。そんな影の攻略テクニックで、ワンランク上の透明感ある大人の肌を手に入れて。

すべて隠すのは不自然
ピンポイントで影を攻略

何気なく撮られた写真やふとした瞬間に、肌のあちこちの影や色ムラ、くすんだ顔色にびっくりすることがあるのではないでしょうか。そんなの時こそ肌悩みの攻略テクニックを見直すタイミングです。

どんなにスキンケアをがんばっていても、どうしても暗い影が増えてくる年頃。シミやそばかす、小ジワ、ほうれい線……。毛穴の開きも実は小さい影の一種です。小鼻の赤みや口周りのくすみも気になりますよね。

そんな小さい影を攻略する秘訣は２つあります。１つ目はファンデーションですべてを解決しようとしない。２つ目は、「どうしても気になるところだけ」をピンポイントでカバーする、です。すべてを隠そうとすると時間もかかる上に隠蔽感が強まり、不自然になるばかりか、メイクがどんどん面倒に、楽しくなくなってしまいます。さらに、大事なツヤも少なくなり、崩れやすさの原因につながります。

そこでぜひ試してほしいのが、ツールをうまく使いこなして、とにかく「薄く効果的に」肌にフィットさせること。次のページから影の種類ごとに、その方法とツールをお伝えしていきますね。

シミ、クマのカバーに明るすぎる色は要注意

どうしても気になるシミやそばかす、クマは、コンシーラーに頼るのが近道です。コンシーラーに苦手意識を持っている人も多いようですが、色選びと塗布方法を間違えなければ簡単。

まずは、色。シミやクマなどの濃い影には、「肌と同じくらいの色」のコンシーラーを選びましょう。つい明るい色を選んでしまいがちですが、明るすぎると肌から色浮きしてしまいますし、影が透けてグレイッシュに見えてしまいます。そしてぜひ取り入れてほしいツールが、優秀なコンシーラーブラシです。おすすめなのは、小さめで弾力があり、筒型状などの小回りがきくブラシです。

コンシーラーを直接塗布したら、ブラシで塗布したアウトラインだけを丁寧にぼかし広げます。お粉は、同じ筆を一度ティッシュなどで油分をしっかり拭いてから、上からそっと置くようにのせます。そうすることでカバーしたい部分はしっかりと隠しながらも、自然に肌に溶け込ませられます。ピンポイントにしっかりカバーして薄く肌に密着させる。ファンデーションで広範囲をカバーするよりも、ずっと手軽で、ツヤと薄づき感を損なわない方法です。

明るく輝きのあるツヤ肌がつくれていたら、薄いシミやそばかすはあまり気にならなくなっているはず。本当に気になる影だけを、優先順位を決めてピンポイントにカバーして。

ブラシづかいで厚塗り&ヨレも防止

コンシーラーはできるなら隠したことすら気づかせたくないものです。
ぼかす工程だけは繊細さにこだわって。

1. 気になるところに直接塗布

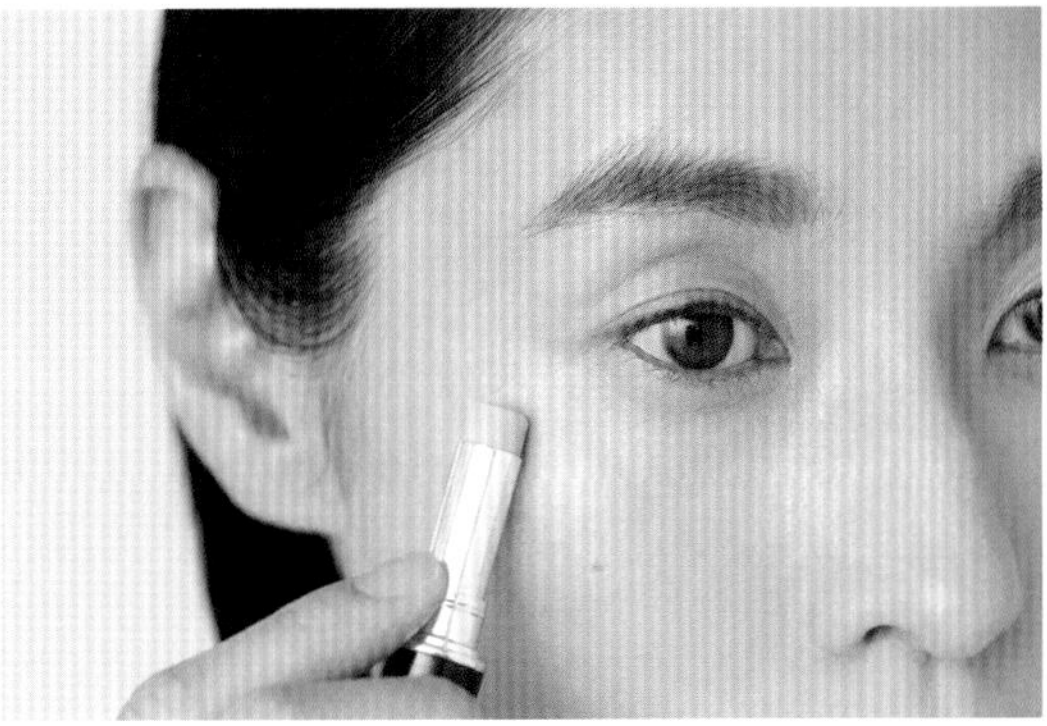

フィット感とカバー力のあるスティックタイプのコンシーラーを使用。気になるシミの中心部から、スティックの角を使って直接塗布します。クマの場合は一番目立つクマラインに沿って少し太目に引いて。

2. ファンデとの境界線をぼかしていく

コンシーラーをのせた中心部は触らずに、境界線だけをブラシでぼかしていきます。左右に大きく塗り広げるのではなく、トントンと叩くようにしてぼかし広げるのがコツ。

40代以降は口周りも上手にカバー

ほうれい線に鼻の下や唇周り。口周り全体がぼんやりと暗く感じていませんか？ それは口周り周辺のたるみとともに、肌がくすんできているから。さらにマリオネットライン（口角から下に伸びるライン）も気になってくる場所ですよね。

30代までは口周りはファンデーションを殆ど塗らなくても気にならない部分だったかもしれません。でもくすみや影が気になってきたら、ファンデーションで調整してあげましょう。

口周りは動きが多い部分なのでコンシーラーを使うと、口角やシワに溜まるなどして汚く見えてしまいがちです。薄い膜を1枚かけてあげるイメージで、下地とファンデーションで全体的に明るさを出したほうが、格段にきれいに仕上がります。

ほうれい線などにファンデーションやお粉が入り込みやすくなってきているので、口周りはスポンジを使うのが簡単。少量のファンデーションをより薄く、しっかり肌にフィットさせられます。

口周りに明るさが戻ると、リップの色が映えるだけでなく、笑顔も今まで以上に魅力的に輝きます。

ターンオーバーの遅れによる角質のたまりや、吹き出物など、口周りのくすみの原因はさまざま。ケアが抜けがちな場所ですが、丁寧に洗顔して保湿するなど、普段のケアもしっかりと！

顔全体にファンデーションを塗布後、少量をスポンジにとり、口周りの肌にフィットさせるようにトントンとのばして。特にほうれい線やマリオネットラインは、線をまたぐように、色々な方向からスポンジをしっかり肌に沿わせます。

毛穴の開きも肌の影
ファンデーションブラシで一掃

毛穴の開きは、たるみの一種ともいえ小さい影の一つです。肌を暗く見せてしまうので、気になる場所はしっかりカバーしたいもの。毛穴が気になる人はファンデーションブラシの力を借りてみてください。

特に毛穴が多い小鼻周りや頬の中心は油分が多い場所なので、隠そうとクリーム系のファンデーションなどをたくさん塗布するのは相性があまり良くありません。ベースは薄めにし、パウダーファンデーションやルースパウダーなどをしっかりとフィットさせるのがコツです。毛穴の開きによるテカリを抑えてふんわりとハーフマットに仕上げると、毛穴による影も気にならなくなります。

そのときに使い勝手が良いのが、ファンデーションブラシです。ファンデーションブラシの先は小さな点の集合体なので、毛穴の凹凸にしっかりとファンデーションを密着させることができます。モチがよくなって、崩れにくい！ 特に毛穴が気になる人は、ベースのファンデーションを塗るときにもぜひ使ってみてください。

夏など崩れやすい時期は、毛穴専用の下地を部分的に使うのも効果的です。

加齢による毛穴の開きは、肌のたるみが原因のひとつ。たるみむことで引っ張られ、毛穴が縦長に広がります。気になり始めたらスキンケアから。保湿と引き締め化粧水などが効果的。

毛穴はテカらせず、でも影は明るく

毛穴はファンデーションがたまりやすい場所。表面に塗るというより、肌の凹凸にフィックスさせるイメージで、ヨレやたまりを予防します。

1. 毛穴が気になる小鼻周りをフラットに

スキンケア後に毛穴の凹凸を均一になめらかにしてくれる下地を小鼻周りから頬に向かってくるくると塗布します。

2. パウダーは押さえ塗りをするイメージ

全体にファンデーションを塗った後、仕上げのパウダーを少量ファンデーションブラシにとり、小鼻周りに優しくぎゅっぎゅっと優しく押し当てます。お粉でなく、微粒子の薄づきファンデなどでもOK。

Method

立体感もプラス！
大人のきちんと肌は
リキッドコンシーラーで

いつもより気合を入れたい日。そんな時にまず変えるべきはアイメイクでもリップでもなく、肌そのものです。普段のナチュラルなツヤ肌にひと手間足して、光の強さをぐっと強めた品格肌。知っておいて損はありません。

品格を上げる立体肌
ハイライト効果で輝きアップ

大人だからこそ、どんなオケージョンにも相応しい顔でいられるメイクテクニックを持っておきたいものです。

ここまで見直しテクニックで目指してきたのは、自然かつ輝きのある大人肌。今の時代ならほとんどの場所、オケージョンに、この肌でお出かけしていただいて大丈夫なはずです。

でも大人にはここぞと気合入れたい日や場所がありますよね。そんな時のために、肌の明るさやツヤ、立体感のすべてを一発で高められるテクニックをぜひ覚えておいてください。

プラスするのはハイライト効果のある、リキッドコンシーラー。

いつもの肌をつくった後に、目周りに足してあげるだけ。わざわざハイライトとシェーディングを使う必要はありません。

それひとつで顔の立体感まで際立つから、まるで魔法のような効果を感じられるはず。ナチュラルさをなくすことなく、ワンランク上の品格を感じる肌を手に入れられます。

肌さえ自信があれば、表情まで自信に満ち溢れるもの。特別な日の肌づくりを、ひとつ覚えておくと強い味方になります。

程よくカバー力があって、肌なじみの良い滑らかなテクスチャーのリキッドコンシーラーをチョイスして。色は肌の色より少し明るめか、同じくらいがオススメ。

BEFORE

ここまでの見直しテクニックでつくった、ナチュラルなツヤ肌。肌全体が明るく、透明感のある仕上がり。

AFTER

ワンランク上の大人のきちんと肌。ふんわりと頬の上〜目周りに明るさが増して、立体的な印象に。

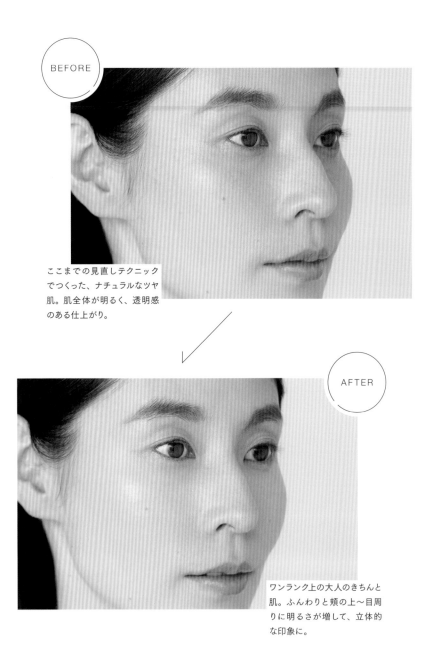

大人の顔は明るさで立体感を演出

効果的にリキッドコンシーラーを使うには、のせる位置が重要。
もっとも明るさとツヤを出すべきは、目の下のハイライトゾーンです。

1.　目の下に放射状にリキッドコンシーラーをオン

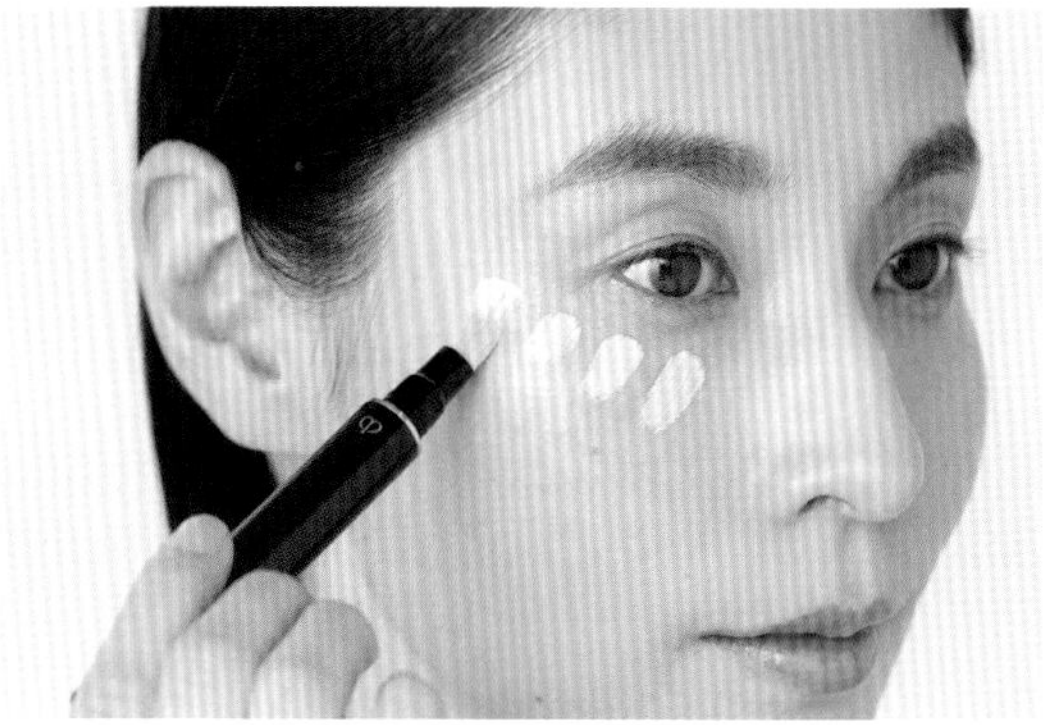

ファンデーションを塗った後に、明るめのリキッドコンシーラーをのせます。黒目の下から頬骨の高い位置に向かって、放射状にのせていきます。

2.　広げすぎないからこそ効果的！

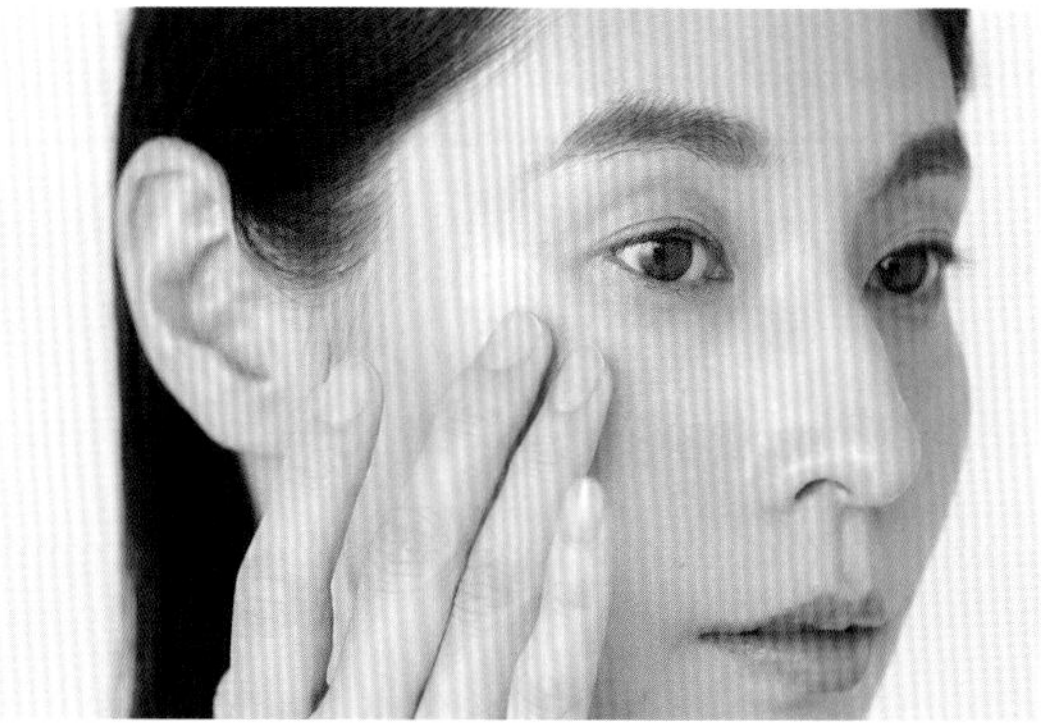

指で軽くトントンとなじませ、肌にフィットさせます。広げすぎないように注意して。下まぶたのキワまでカバーしすぎると目が小さく見えるので上に広げすぎないのもポイント。

COLUMN 01

ツールも見直すタイミング

メイクがうまくいく、いかないは、実はツールの質とも関係しています。化粧品に付属しているツールももちろん優秀ですが、道具を変えてみるのも「見直し」のひとつの方法です。

たとえば、気に入って買った化粧品だけど、なんだかしっくり顔にのらないとき。自分のテクニックだけでは、どうにもならないと途方にくれたとき……。ツールを変えたら、より繊細に作業でき、しっくりくることも多いはず。ツール次第でファンデーションの密着度も、まつ毛の上がり具合も、驚くほど変わることも。

ここでは私が頼りにしているツールを紹介しています。

40代からはツールにも頼る！　これを使えばうまくいくと安心できる、メイクの相棒を見つけてくださいね。

いくつになっても美しいカールを

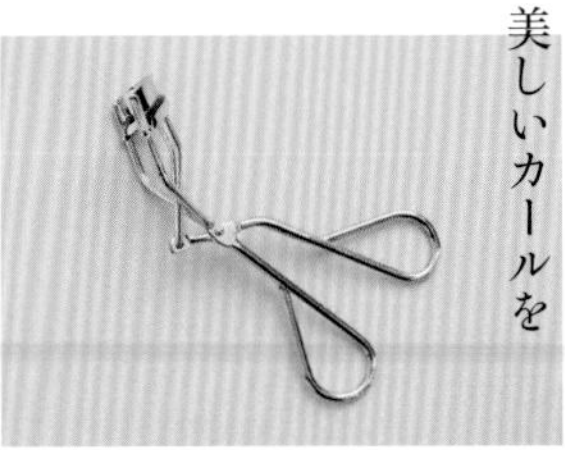

ビューラーこそずっと使えるものを持っていてほしいもの。ゴムの劣化を見逃さないで、定期的に取り替えて。

日本人女性のまぶたの形にフィットするロングセラー。資生堂：アイラッシュカーラー 213

肌の密着度はスポンジで変わる

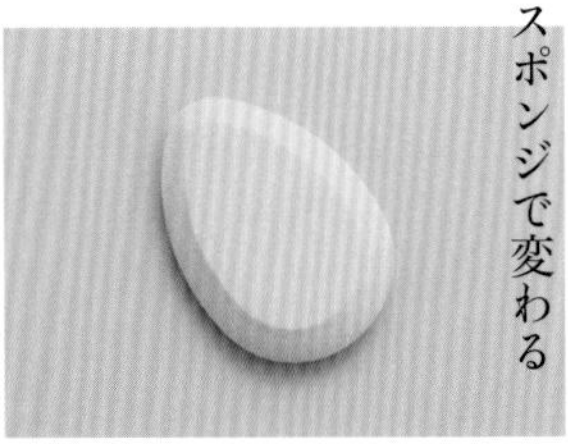

リキッドでもパウダーでもファンデーションのフィット感はスポンジ次第。しっかりファンデーションを押し込むには、肉厚なスポンジが助けになります。

アーティストのタッチを瞬時に再現。資生堂：スポンジパフ アーティストタッチ（乳化タイプ用）119

テクニックいらずのファンデ用ブラシ

ファンデーションのノリやもちが悪くなったら、ブラシを試してみて。筆先が肌の凹凸にフィットして、きれいな肌が長続きします。

斜めフラットの面が完成度の高い美肌に導く。資生堂:ファンデーション ブラシ 131(専用ケース付き)

繊細なカーブの眉バサミ

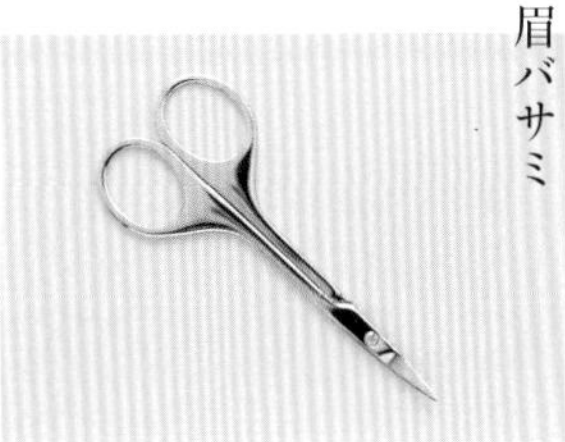

眉の形を決めるときは眉バサミがおすすめ。不必要な毛だけを繊細にトリミングできるので、品のある眉に。

鋭い切れ味が品のある眉をつくる。資生堂:アイブローシザーズ 212(眉カット用ハサミ)

思いどおりにラインを描くなら

ラインが苦手な人に使ってみてほしいのがコレ!先端が尖った平筆ブラシで繊細にも大胆にも思うがまま。アイラインだけでなく、眉にもこれ1本で。

クリーム、パウダー、ジェル、あらゆるタイプに使用可能。SHISEIDO メーキャップ:YANE HAKE プレシジョン アイブラシ

小さめブラシを手に入れて

パウダーの見直しテクニック(p38)でも紹介した小さめブラシは、サイズ感と丸みをもった毛先の形状が細かい作業にぴったり。1本持っておくととても便利!

とにかく万能! SHISEIDO メーキャップ:NANAME FUDE マルチ アイブラシ

ムラの原因は汚れかも!?

ツールの汚れは雑菌の繁殖はもちろん、ムラづきの原因にも。1週間に1回は洗いたいもの。専用クリーナーがあれば、簡単に手早くお手入れできます。

柔軟効果もあって肌あたりをソフトに保つ。資生堂:スポンジクリーナーN 199

シミこそブラシ使いがポイント!

シミのカバーに力を入れるなら、優秀なコンシーラーブラシは必携です。ポンポンと肌にのせていける筆先が丸く、ハリのあるタイプが使いやすい。

リキッド、クリームタイプのコンシーラーに。SHISEIDO メーキャップ:TSUTSU FUDE コンシーラーブラシ

ENHANCE YOUR BEAUTY

Part 02

下がりパーツは

上昇ラインで攻略

大人の顔に必要なのは、パーツを引き上げてくれる上昇ライン。今の自分史上きゅっと引き上がった顔は、いつものラインをたった数ミリ見直すだけで手に入ります。

EYEBLOW / EYELINE / EYELASH / LIP

Method

無理のない上昇ラインが顔の骨格を上向きに補正

顔の中でリフトアップの印象にもつながる眉を含めた目元ゾーンは、気になり始めた顔のたるみやゆるみをもっとも効果的に調整できるパーツです。40代以降の自分に合う、これからのラインの法則を手に入れて。

下がり始めたパーツに騙されないで

目や口元など顔のさまざまなパーツが少しずつ下がり始めてくる大人の顔にとって、眉やアイラインなどの「線」による効果は絶大です。なかでも40代に入ると顕著に変化するのが「目もとの下がり」。本書のはじめに紹介した資生堂の研究にもあったように、40代以降は上まぶたの目尻側が下がり、上まぶた全体が少しずつ目に覆いかぶさってきます。目が小さくなったような重さを感じ、アイラインがうまく引けなくなってきた、などといった40代以降特有の悩みの原因こそ、この目元の下がり。またパーツの下がりは肌面積を増やし、間延びした印象ももたらします。リフトアップ効果のあるラインは、大人になればなるほど欠かせなくなってきます。

ここで気をつけたいのは、下がってきたパーツそのままのラインを引かないこと。今までのように注意しないでラインを描くと、思っている以上に下がった角度に見え、顔全体の印象も下がって見えます。

パーツに抗って、今までよりもラインをほんの少しだけ上昇させる。

この章でお伝えしていくラインテクニックすべてに共通する、40代からの見直しポイントです。

ただし、調整のしすぎは注意！　2mm以上のラインの調整は不自然に感じるといわれます。自分らしい上昇ラインを見つけて。

骨格を引き上げる
ナチュラルな上昇眉

40代からの理想の眉は、ナチュラルな太さがあって、ほんの少し上昇した角度で描かれている眉です。

斜めに上昇した美しい眉は、誰の目から見ても王道的な美しさ。骨格をきれいに見せてくれるだけでなく、パーツの下がりすら気にならなくさせてくれます。また目尻が下がり、まぶたの面積が広がってきているので、ある程度の太さも必要。自然な眉の太さが、間延びしがちなまぶたをバランスよく感じさせてくれます。

眉は顔の中でもっとも太いライン。それゆえ、影響力も絶大です。目周りだけでなく、顔全体に出ている下がりパーツの印象を、きれいにカモフラージュするだけの力を持っています。眉を見直すだけで、顔が一気にきゅっと引き上がって見えることもあるほど。

目尻の下がりや、目元の輪郭がぼんやりしてきたのを感じたら、眉の見直しに手をつけてみてください。とはいえ太さも角度も、今生えている眉を無視して描かないことが大切です。

見本にこだわるよりも、今自分の生えている眉に対して不自然でないかを確認しながら描くと、自分らしい上昇眉になると思います。

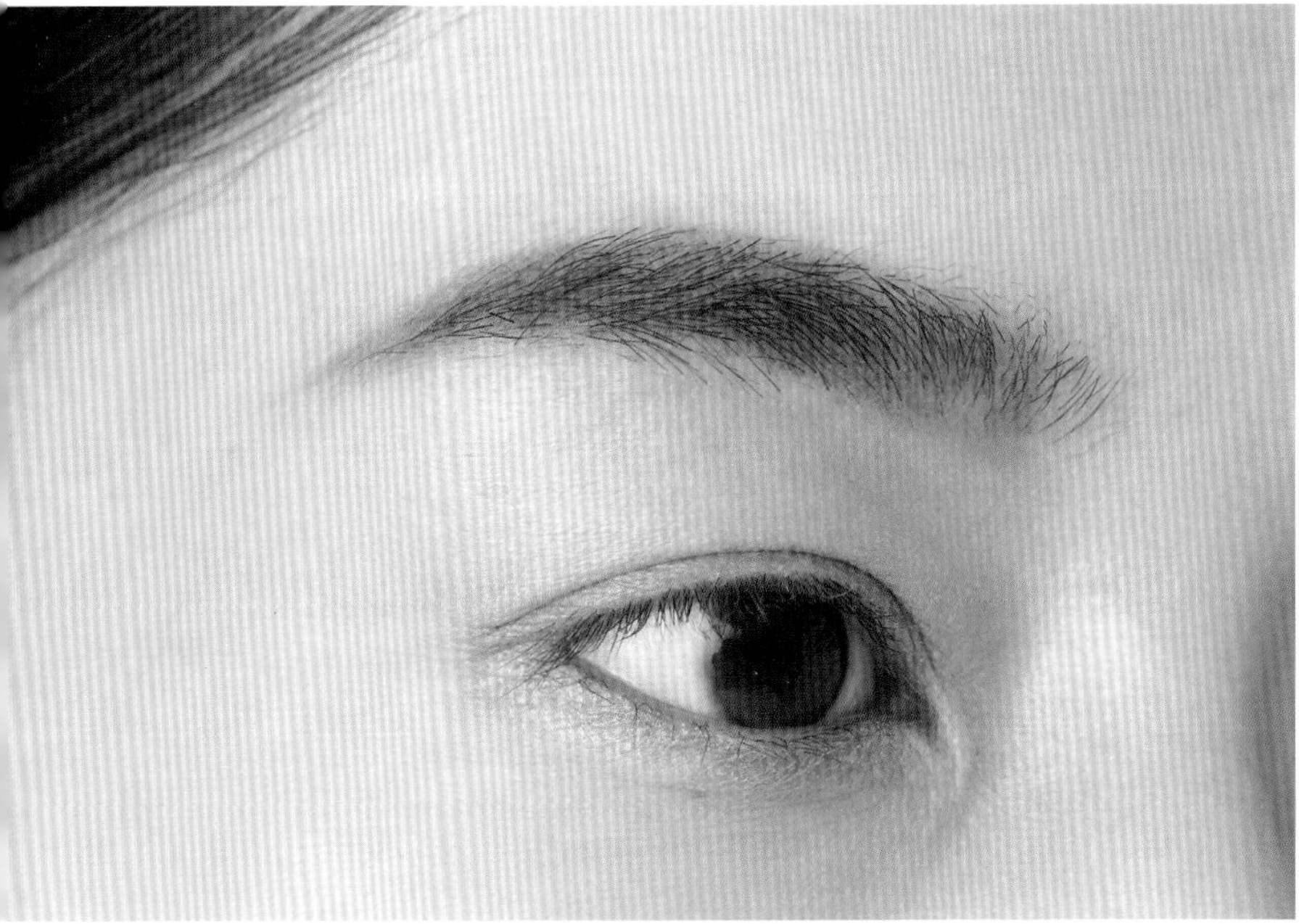

理想的な「ナチュラルな太さのある、ほんの少しの上昇眉」は、アイメイク前の顔もキリッとした印象に。高さのある眉山と、自然な太さを演出しているので、無理して手を加えた感も最小限。

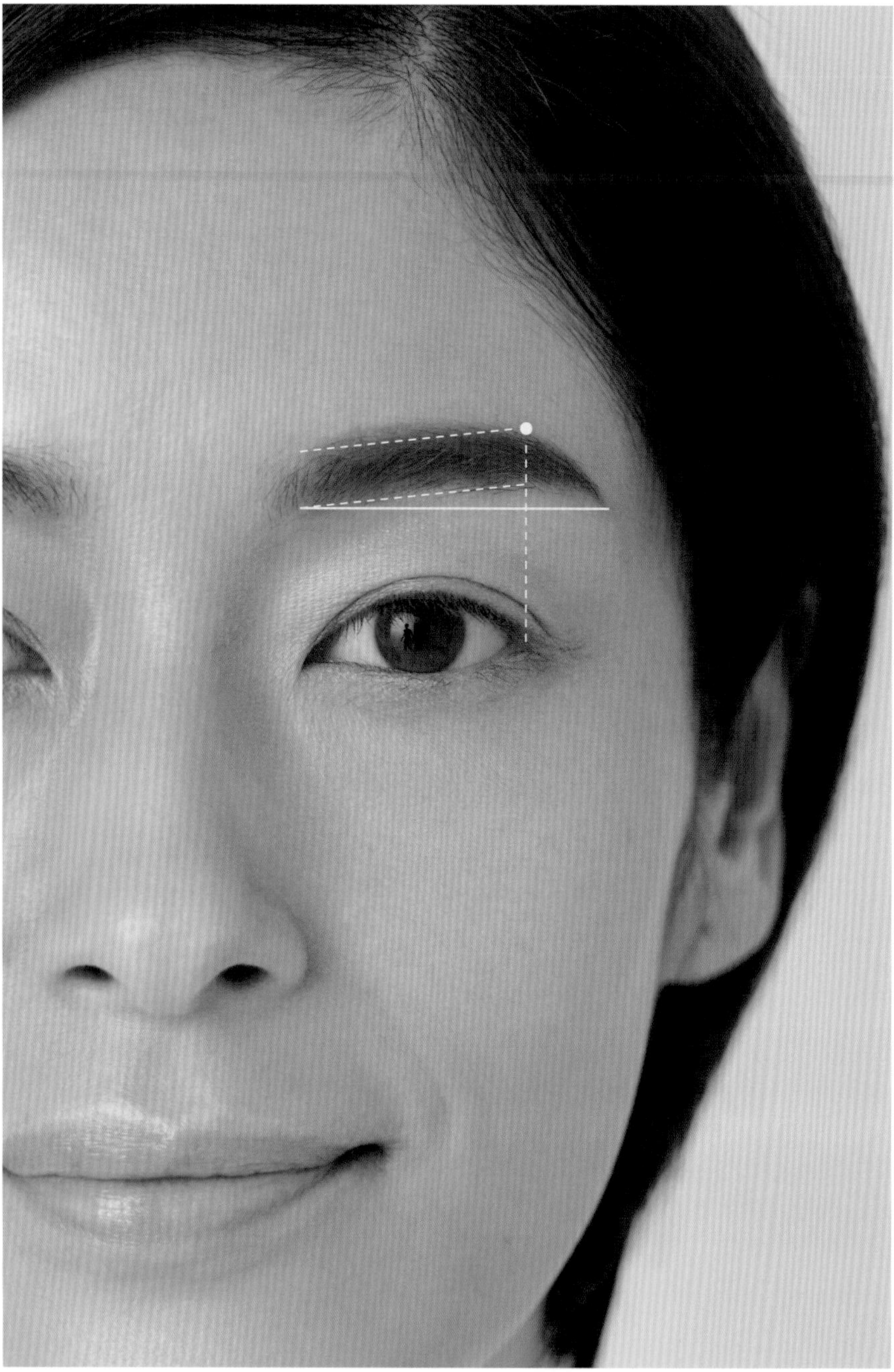

自分らしい上昇眉は眉山を見直すところから

時代を問わず美しいとされている眉は、10度前後の優しい角度で上昇している眉だといわれています。でもこの角度はあくまで目安。さまざまな経験を経て、自分の顔を手に入れてきた大人には、一人ひとり顔に合った、その時の一番美しい角度が存在します。

顔に合った上昇ラインを探るのに、ポイントとなるのは眉山です。眉山の位置は、白目の終わりの直上が正解。高さは眉頭よりもほんの少し高い位置が理想です。眉の下ラインは眉の上ラインと平行で、眉頭から眉山にかけて、同じ太さで上昇しているのが一番安定感のある眉になります。

さらに、眉尻の終わりが眉頭よりも下がらないよう気をつけることで、キュッと上がった印象になります。

よく見かけるのは、眉山が内に入りすぎていたり、眉山がなく直線的に描いている人。眉山が内側すぎると骨格に合わないどころか、下がっていく眉尻の方が目立ってしまいます。また直線的な眉も人気ですが、こちらも眉山がないことで、骨格の丸みにあってなく不自然です。描くときは「穏やかに上昇」を意識するのがコツです。

眉山を見極めにくいときは眉を上に動かしてみて。眉弓筋といってちょうど眉ラインの上あたりにぷっくりと浮き出る筋肉があるので、そのラインの下を眉山のガイドにしても。

最後の一手が品につながる 眉尻こそ手をかけて

横顔の美しさの決め手は、眉山の位置ももちろん大きく寄与していますが、意外に大事なのは眉尻です。

大人の品も、横顔の引き締まり具合も、眉尻次第。資生堂では口角のリップラインと並び、眉尻を「横顔の美しさを決めるファイナルゾーン」と呼んでいるほど、大切にしています。

まずこだわりたいのは眉尻最後の細さです。描き終わりは細く、スーッとまるで自然に消えるように。この繊細さが凛とした表情につながります。逆にブツッと途切れている眉尻は、大雑把で、手入れが行き届いていない印象を与えてしまうものです。

さらに、目指すのは「上昇眉」ですから、眉山から眉尻までの下がる角度も大切。傾斜が急すぎると、それだけで顔全体が下がって見えてしまいます。

眉そのものはナチュラルに見せたいですが、眉尻の終わりだけは手をかけてもいやらしくならない部分。むしろ手をかけることで、リフトアップと大人のさりげない品までも感じさせられる、簡単で最高のテクニックポイントなのです。

眉尻をきれいに描きたい時は、アイブロウペンシルがおすすめ。太くも細くも描ける楕円形の芯で、ほど良い固さがあるものをチョイスするとどんな眉でも失敗しにくく描きやすいです。

ナチュラルな上昇眉の描き方

ポイントさえ押さえれば、顔に合った上昇眉は簡単です。
全体はナチュラルな太さに、でも眉尻だけは繊細に、を意識して。

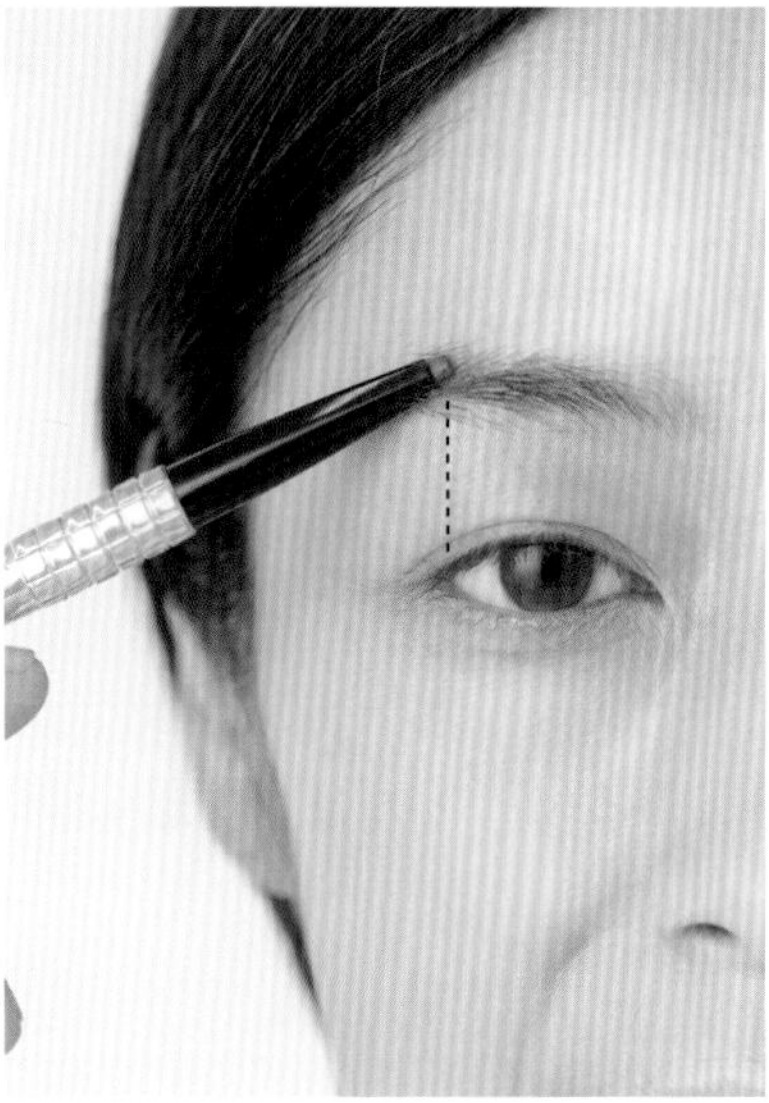

1.

白目の終わりの直上に眉山を決める

描き始める前に、まず眉山の位置を確認します。白目の終わりの直上、眉頭よりもやや高い位置に眉山を決めます。

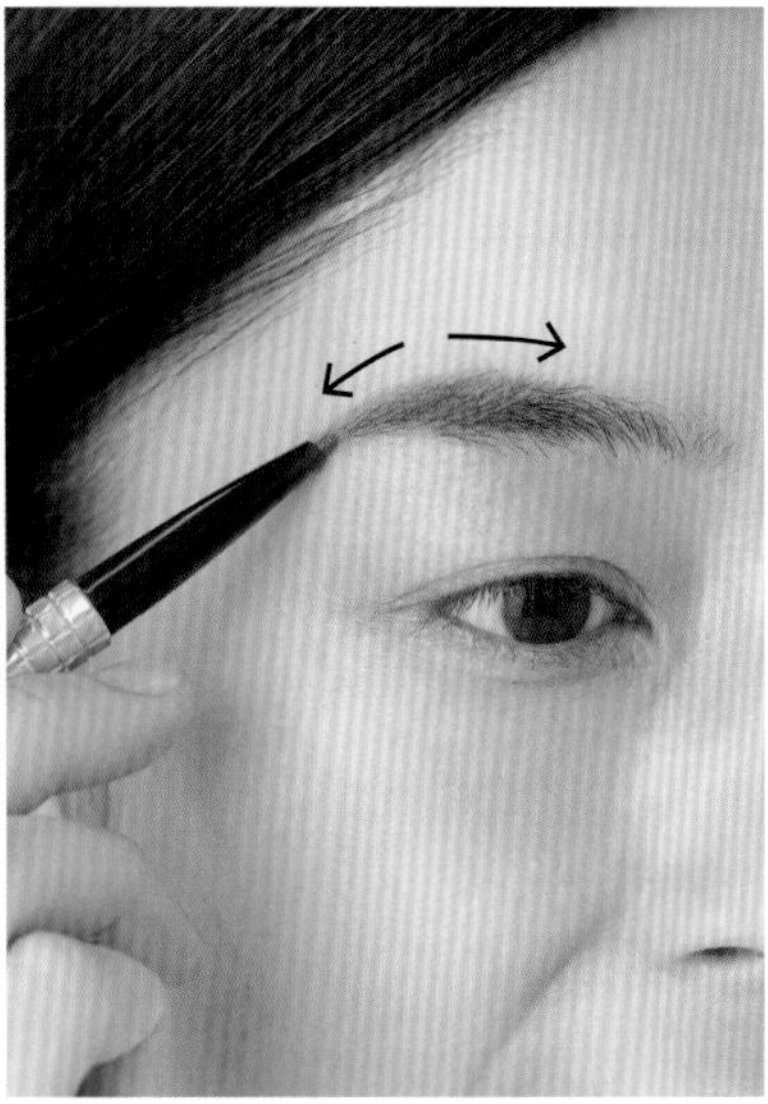

2.

眉山あたりから眉尻へ眉頭より下げずに描き終える

眉山を起点に中央あたりから眉尻までをペン先を左右に振るようにして描いていきます。眉尻の終わりの高さは眉頭下と同じくらいにし、自然に先細りになるよう描き終えます。

POINT

眉尻を細く描くのが難しい人は、先が細くなっている綿棒を使ってみて。眉尻の上下を綿棒でスッと先細にしてあげると、完成度の高いワンランク上の眉尻に仕上がります。

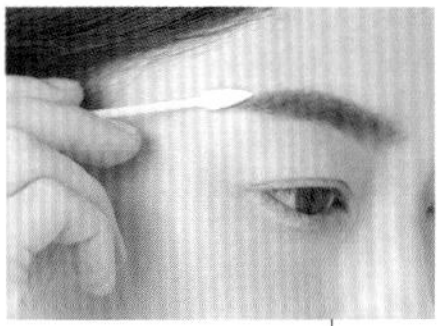

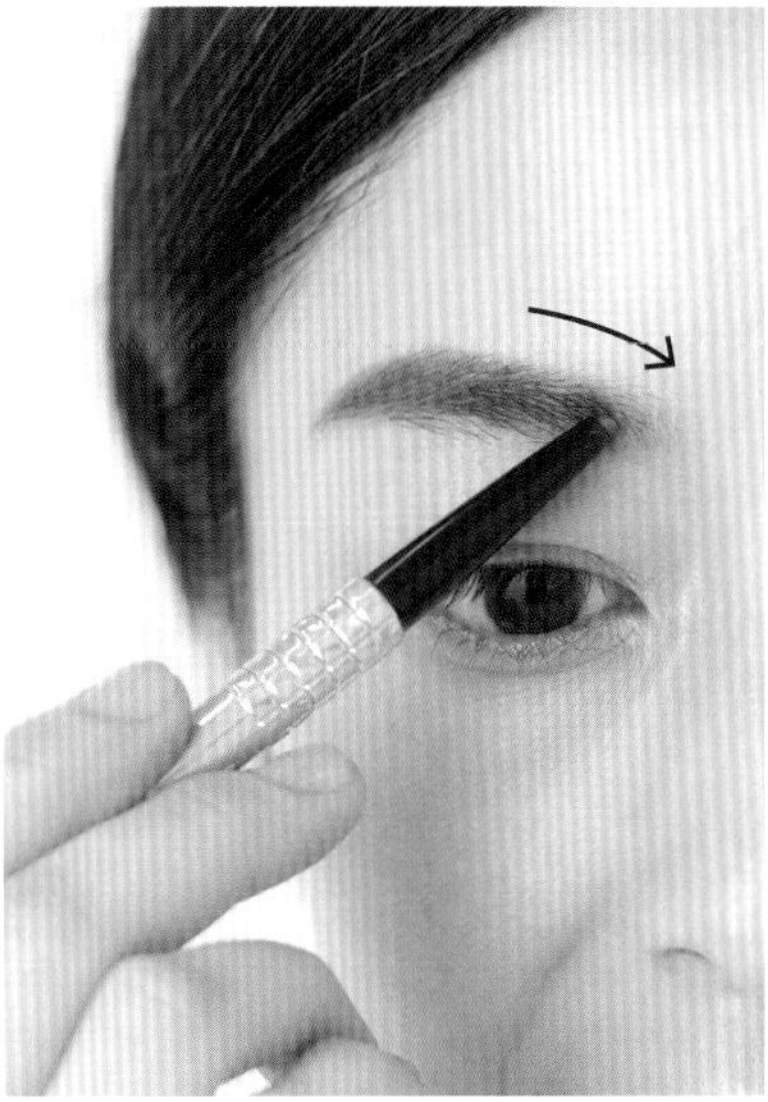

3.

眉頭に向かって ぼかし広げる

眉頭に向かって足りない部分を埋めていきます。眉頭が細くなっている場合は、同じ太さになるように眉頭の下を描き足します。眉頭側から眉山に向かって描くと、眉頭側が濃くなりすぎてしまうので、ペンを進める向きに注意。

4.

スクリューブラシで 馴染ませる

仕上げにスクリューブラシでアウトラインをぼかします。肌馴染み良く、より美しい眉に仕上がります。

40代からのマストハブ！
品格グレーのアイブロウ

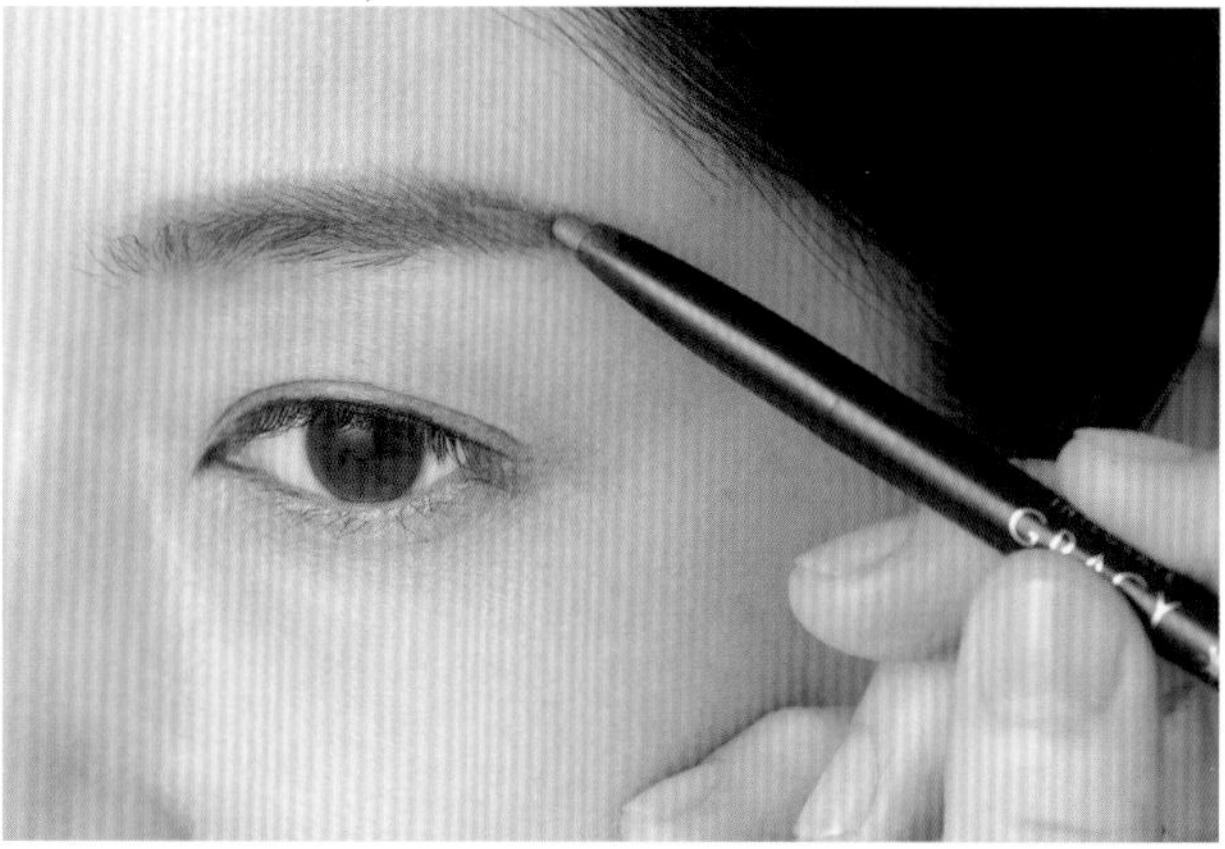

眉色は明るすぎないほうが、40代には似合います。特におすすめのなのがグレーのアイブロウ。そもそも眉の毛色は黒でも茶色でもなく、グレー。自眉と同じ色だから自然に仕上がり、凛とした印象まで引き出してくれます。特に眉が薄い人はブラウンで描くと、自眉と毛のない部分との色差が目立ってしまうもの。ぜひグレーを試してみてください。髪色が明るい人も、眉は髪よりも暗めの色を選ぶのが大人のセオリー。メリハリがつき、きりっと顔が締まります。

上昇感をさらに高めるアイブロウマスカラ

もうひと手間かけるゆとりがある日は、アイブロウマスカラで毛並みを際立たせる最後の仕上げを。毛の一本、一本を斜め上に流れるように整えると、上昇眉の効果がさらに高まります。しかもツヤまで出るので、凛とした生命感もパワーアップ。眉毛がしっかりあれば描かずに上向きにするだけでも。さりげなく艶めいて、下がりパーツをカモフラージュしてくれる上昇眉。これはまさしく大人の最高級眉です。色はクリアか、ダークブラウンを。

Method

上昇アイラインで下がり気味な目尻をリフトアップ

特に今の形のまま描いてはいけないのがアイライン。下がってきた目元のフレームのままに引くと、より目尻が下がって見えてしまいます。大人のアイラインはエンド（引き終わり位置）を上昇させるのがコツです。

40代で大きく変化するのが目尻。アイラインのエンドを実際の眉尻よりも上に決めるだけで、下がり気味の目尻も自然にリフトアップしたように。

目尻をリフトアップさせるアイライン

アイラインの見直しは、エンドの設定がポイント。
たるみを感じさせない、あなたらしい、自然で印象的な目元が叶います。

1.

思っているより高めに
ラインの終わりを設定

アイラインのエンド（引き終わり位置）を決めます。目尻の2ミリ程上側で、下まぶたラインの延長線よりも上になる位置が目安。思っているより割と高めです。鏡を正面に置いて、目を開けた状態で決めるのもポイント。

2.

まぶたを引き上げて
目尻から描き始める

指でまぶたを引き上げ、1で決めたエンドから目の中央に向かってラインを引いていきます。実際の目尻は通らずに、中央あたりのまぶたのキワにラインをつなげます。

POINT

プロセス３でラインのエンドと目尻をつなげるときは、無理して隙間を埋めなくても大丈夫。目尻のラインが太くなるのが気になる人は、少し空きをつくってあげると自然になります。

3.

エンドと目尻の隙間を埋める

まぶたを引き上げたまま、エンドと目尻の隙間を埋めます。小さな三角形を埋めるイメージで、エンド側が太くならないように注意してください。

4.

目頭までキワを細くつなげる

目頭から中央まで、まつ毛の生え際を埋めていくようにラインを引きます。一気に引くのではなく、小刻みにペン先を動かして引き進みます。引きにくいようならまぶたを引き上げながら。

Method

アイラインは目を閉じないほうがうまくいく

前までさっと引けていたアイライン。いつの間にかラインが描きづらくなったり、ガタガタになってしまったりと、引きづらくなっていませんか？ 大人がきれいなアイランを引くためには、ちょっとしたコツがあるのです。

まぶたを引き上げると
スムーズに引ける

たるみだけでなく、細かいシワも出てきやすい上まぶた。そうするとガタついて、アイラインをスーッと引けなくなってきます。まぶたがピンっと張るように、指で引き上げて、キワが見えるようにして描いてあげるのがコツ。さらに薄目を開けたまま確認しながら引くと、アイラインを引くべき場所を迷わなくなります。あごを上げて、少し鏡を下に見るとより見えやすい。うまく引けないからとアイラインを諦める前に、ぜひ試してみて。

手の内を見せないほうが すっきり大きな目が叶う

自然で印象的な目元を演出してくれるアイライン。ついしっかり描きたくなってしまいますが、引いていると感じさせないくらいのラインのほうが、自然に目を大きく見せられます。

太く引いたラインは、目の境界線を強調しているようなもの。「目の範囲はここまでですよ」と教え、逆に目を小さく見せてしまうこともあるのです。同じように引き終わりを太いまま途切れさせてしまうのも、目を小さく見せてしまう原因です。

アイラインも眉と同じで、エンドは細く、すっと消えるように終わらせるのが正解。横への広がりが、すっきりとした印象と目幅の大きさを感じさせてくれます。

まつ毛の生え際を埋める程度に細めに引いて、目尻だけを少し上昇。最後は余韻を残して切れ長に。少しぼんやりしてきた私たちの目元は、こんなさりげないラインでも、自分の目を生かしながらも自然な効果を実感できるようになっています。

アイラインを変えたらさりげなく目が変わった！ そんなふうにメイクの嬉しさを毎朝実感できるのも40代からの特権です。

OK

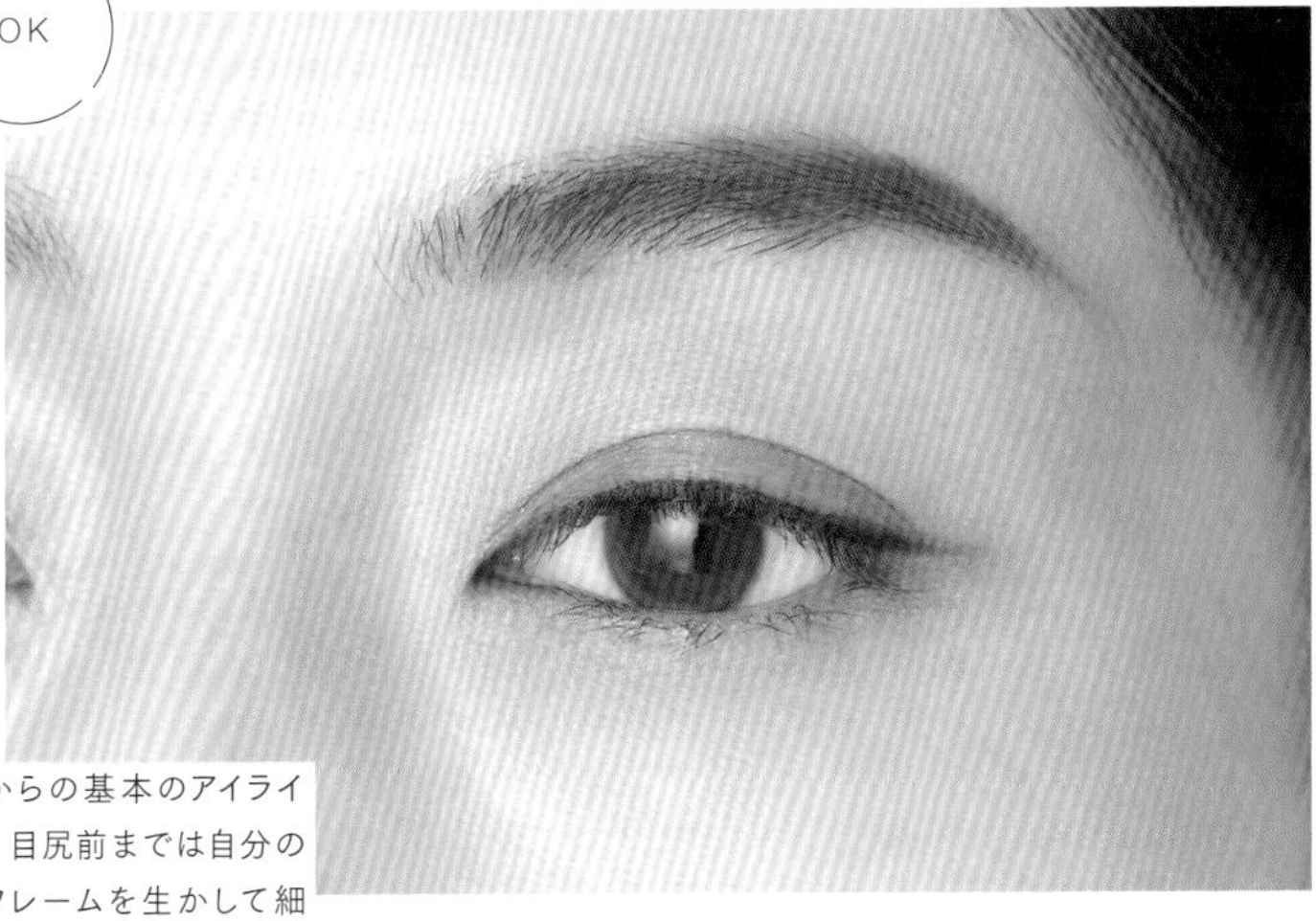

これからの基本のアイラインは、目尻前までは自分の目のフレームを生かして細めにさりげなく。エンドは上昇させて先細りに。

NG

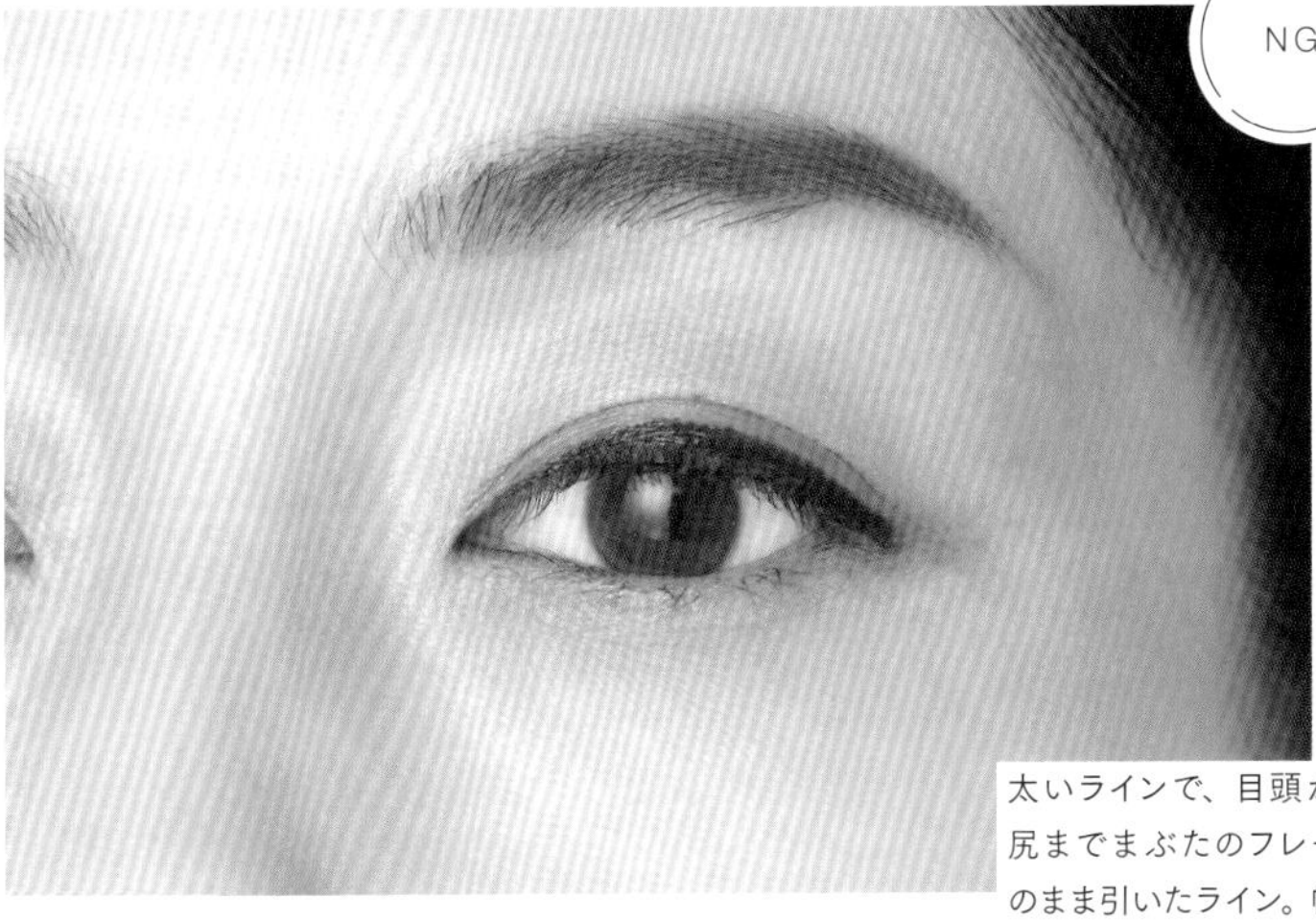

太いラインで、目頭から目尻までまぶたのフレームそのまま引いたライン。幅、高さともに目の範囲を無理して強調しているようで、不自然に見えやすい。

どんな目の形にも似合う 切れ長アイライン

アイラインを引くのが苦手な人におすすめなのは、目尻だけにラインを引く「切れ長アイライン」です。

84ページでお伝えした「上昇アイライン」の、約3分の1部分だけを実践する簡単なテクニック。目尻を上げるだけで、下がってきた目元は確実に補正できます。

引き方は、基本的に上昇アイラインと同じ。アイラインのエンドを目尻に沿わせず、目尻よりも少し高い位置に設定し、そこから目尻3分の1までラインを引きます。その後、目尻とエンドとの隙間を埋めたら完成です。少し太目の上昇したラインになります。

「切れ長アイライン」はナチュラルメイクの日でも、少しだけ目元をキリッとさせたいという場合にもおすすめ。また一重や奥二重など目の形問わず描きやすい、簡単アイラインです。

色は、黒だときつさが出てしまうので、ブラウンやグレーでさりげなくメイクのポイントにしても良いですね。下がりパーツを補正するアイラインが叶います。

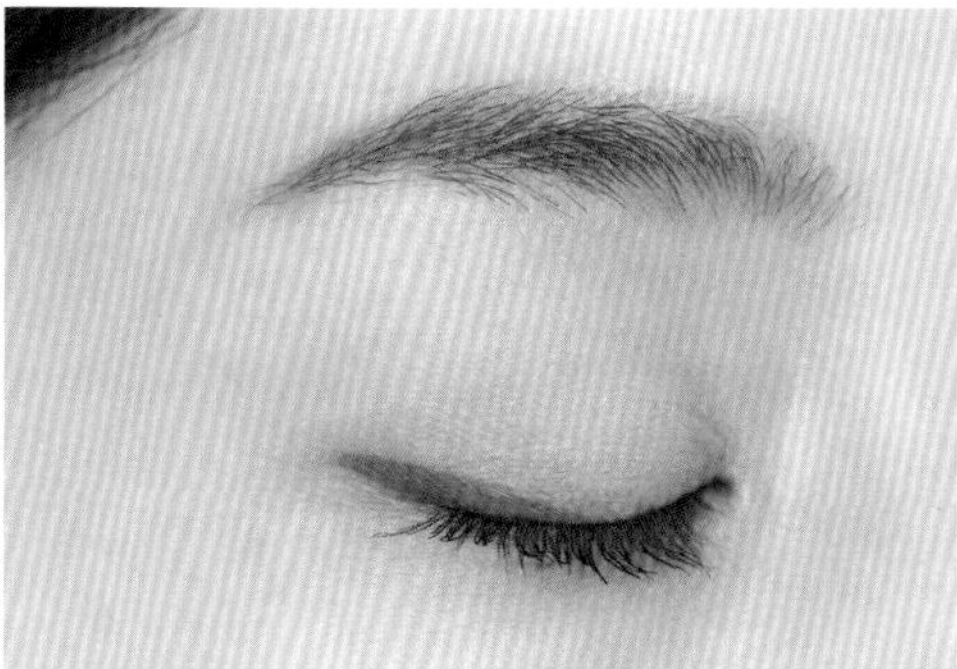

グレーで引いた「切れ長アイライン」はとても上品な印象。少し長め、または太めに引いてもアクセントになっておしゃれ。

Method

アイシャドウより
マスカラを。
まぶたアップの新効果

40代からのマスカラ&ビューラーは、まつ毛をボリュームアップするのではなく、上がったまつ毛をキープすることで「まぶたを持ち上げる」ためのもの。まぶたが上がると目にも光が入り、いきいきと見えてきます。大人のアイメイクには欠かせません。

BEFORE

まつ毛が上がっていない目元は、やっぱり少し寂しげでぼんやりとした印象。

AFTER

ビフォアの目元にビューラーをして、マスカラをオン。目がはっきり開いて、強さが出る。アイシャドウなしでもこれだけで出かけられる顔に。

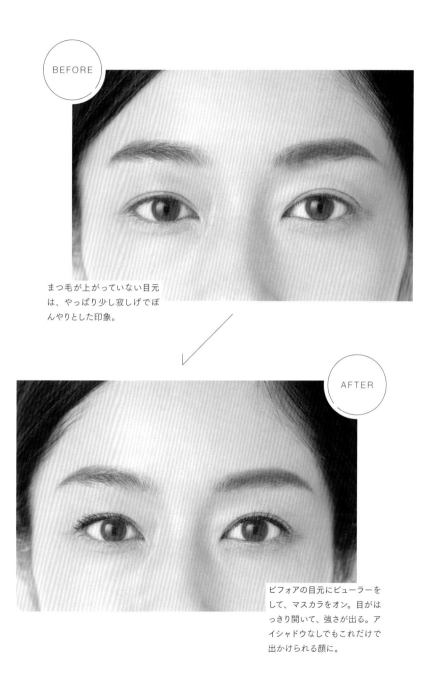

根元にしっかりマスカラ
アイラインの役割も

若い頃のように長さやボリュームに力を入れすぎたまつ毛には、少し違和感をもっているはず。大人のまつ毛に必要なのは、長さやボリュームではなくその角度。そして根元がこだわりどころです。

根元にしっかりとマスカラ液がつくことで、毛の密度が高く見え、アイライン効果も生まれて目の印象が強まります。前ページのアフター写真を見ると、まるでアイラインを引いているように見えませんか？

しかもビューラーで根元からしっかりまつ毛を上げたことで、まぶたがぐっと持ち上がり、目がパッチリと開いている印象を与えてくれます。

根元がちゃんと塗れていたら、ボリュームや長さはそれほど必要ありません。毛先はマスカラをスッと通す程度。ダマにならず、一本、一本が強調された、繊細で品の良いまつ毛を目指すのが正解です。

とにかく時短でアイメイクをするなら、私はビューラーとマスカラを選びます。それだけまつ毛のパワーはすごいもの。どんなに眠くて、疲れているときも、ビューラーとマスカラさえすれば、目がいきいきと輝き始めるのです。

細いまつ毛や、短くなっているまつ毛には、コームタイプのマスカラが根元も良く見えてつけやすい。まつ毛が下がりやすい方は、カールキープ力の強いウォータープルーフタイプを。

まつ毛の上がりチェックを忘れずに

とにかく、根元からしっかり上げることが大切です。
ビューラー後にまつ毛の上がり具合を確認してからマスカラへ。

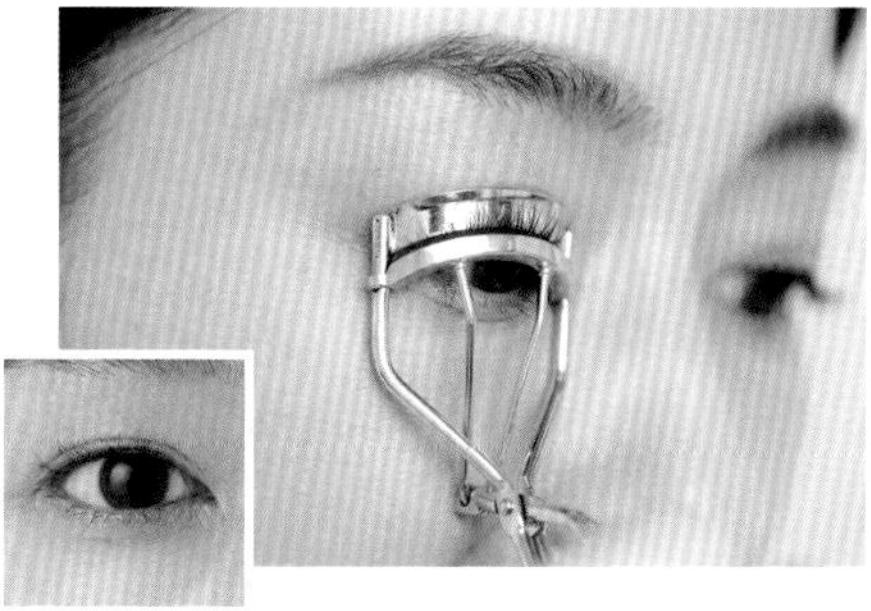

1. ビューラーでまつ毛を数回にわけて上げる

あごを上げ、鏡を下に見ながら根元を見て上げます。フレームを押し当て、手を上に引き上げるようにして、数回に分けてカールをつけます。正面から確認して根元、毛先ともに、目のフレームよりもまつ毛が上にあればOK。

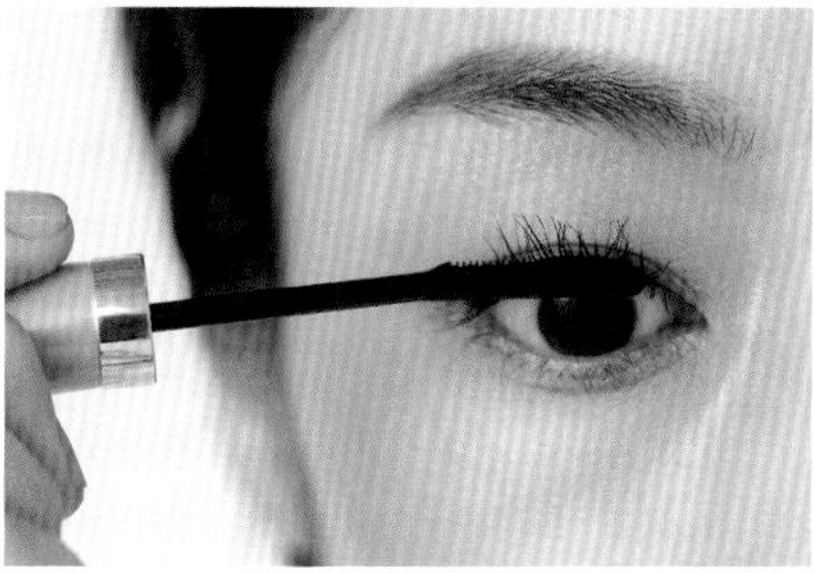

2. マスカラで根元をしっかりプレス

マスカラを根元に当て、アイロンプレスをするようにグッと押し上げます。マスカラ液を根元にしっかり絡ませることで、ビューラーで上げた根元をキープします。

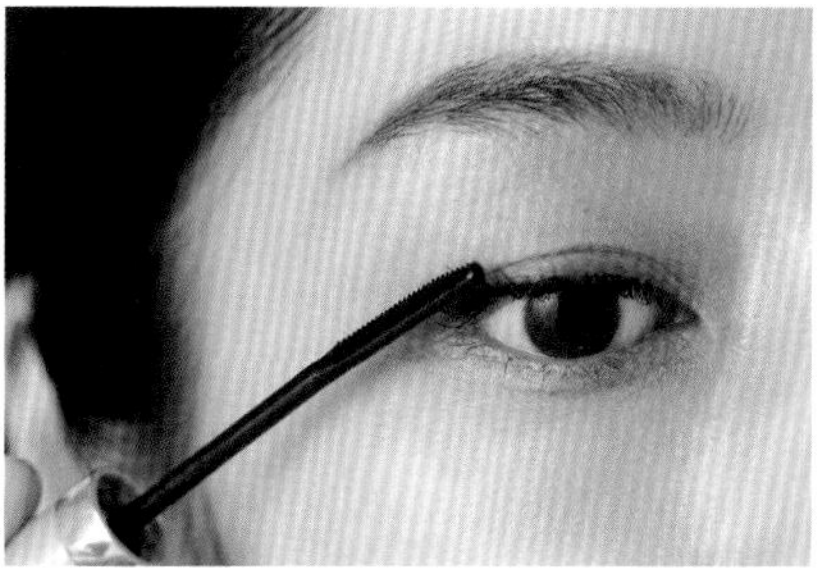

3. 毛先は力を抜いて梳かすように

根元に当てたマスカラを毛先に向かってスッと抜きます。毛先に改めて塗り直す必要はありません。ダマが気になるときは、乾く前にスクリューブラシなどでコーミングして、まつ毛一本、一本が際立つように。

下まつ毛のマスカラで 小顔効果と大人の雰囲気

肌のハリがなくなって、なんとなくお顔全体が間延びしているかもと思う方、ぜひ一度、下まつ毛にもマスカラを塗ってみてください。

フェイスラインがゆったりとしてくることで、頬の面積が少しだけ広くなり、ゆるんで見えている可能性もあります。そんな時は下まつ毛にマスカラを塗ると、目の幅が広がって肌面積が少なく感じられ、視線も目元に集まってキュッとした小顔効果につながるのです。

ただ塗る前のひと手間が大事。下まぶたは、崩れやすいゾーンなので、マスカラを塗る前に下まぶたのキワにアイシャドウなどを塗っておくと、崩れを防止できます。

アイシャドウはパールが入った明るめのものを。もしくは48ページで紹介したペンシルタイプのアイシャドウを使ってもＯＫです。その上にマスカラをすると、コントラストがついて効果も高まります。

下まつ毛にマスカラを塗ると、表情に情緒まで生まれると感じています。大人のマスカラコンシャスなメイクは、女性らしさの極み。普段は下まつ毛にはマスカラをしない人も、ちょっと雰囲気を変えたいときにおすすめです。

下まつ毛につけるマスカラは、ボリュームはあまり必要ありません。短いまつ毛もキャッチできるような細めのマスカラ軸だと塗りやすく、繊細で滲みにくいタイプが使い勝手良いですよ。

Method

豊かさを表現。ふくよかリップは2つの補正で叶えられる

女性らしいふっくら立体感のあるリップ。年齢を感じ始める口元を豊かに演出してくれる、重要なパーツです。補正のポイントを押さえておけば、痩せてくる唇も、ずっとふくよかさをキープできます。

やわらかな曲線で美しい唇へ

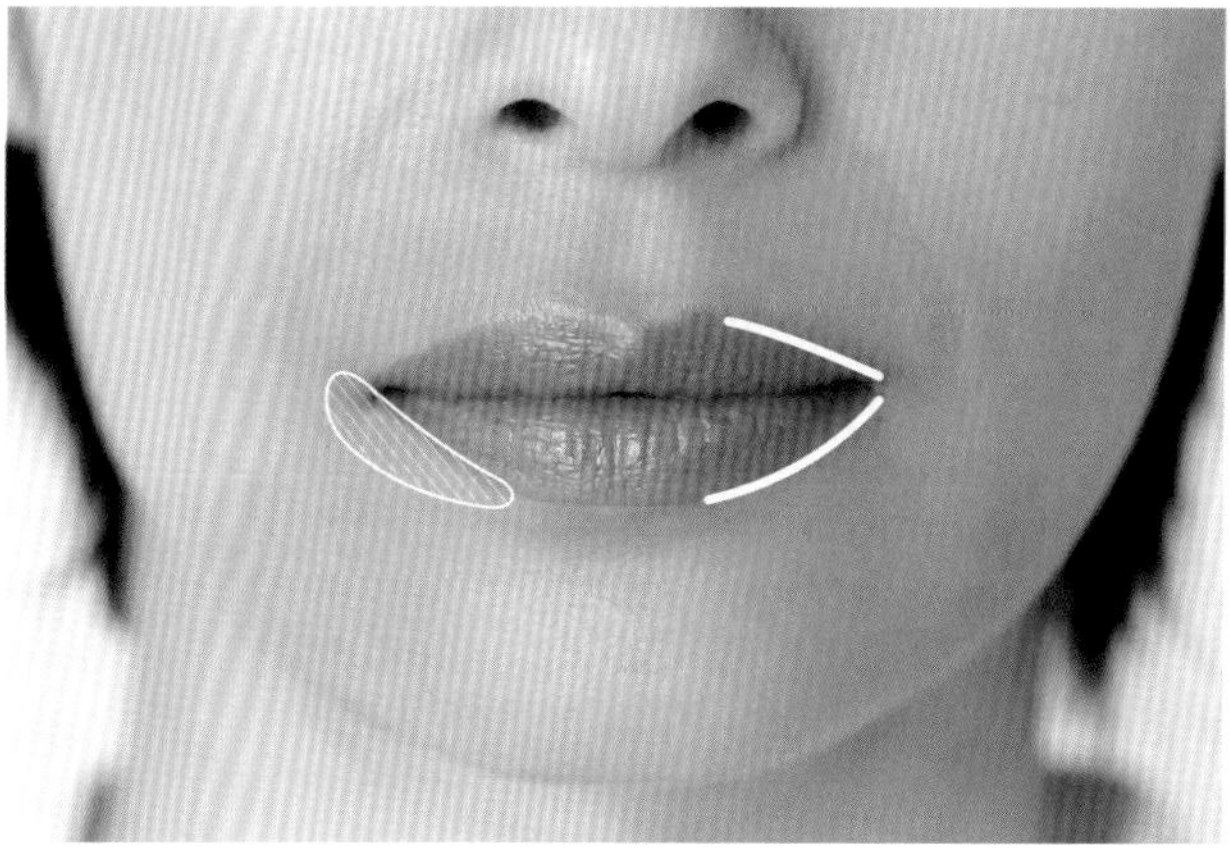

描き足すゾーン　くすみゾーン

年齢とともに、唇の痩せが始まります。山から口角にかけてのラインがくびれていたら、補正が必要。リップライナーでやわらかな曲線を描いて、ふっくら感をつくりましょう。また口角の下はアウトラインがぼやけて、くすみが出やすい場所。肌づくりの段階からファンデーションで薄く補正しておくと、リップの立体感もより際立ちます。色みはベージュやピンクベージュなどの膨張色といわれる薄めの色を選ぶと、よりふくよかに見せられます。

気をつけるのは、上唇と口角

無理に唇を大きく見せる必要はありません。痩せてきたポイントだけ
リップライナーで補正すれば、自然でふくよかなリップに。

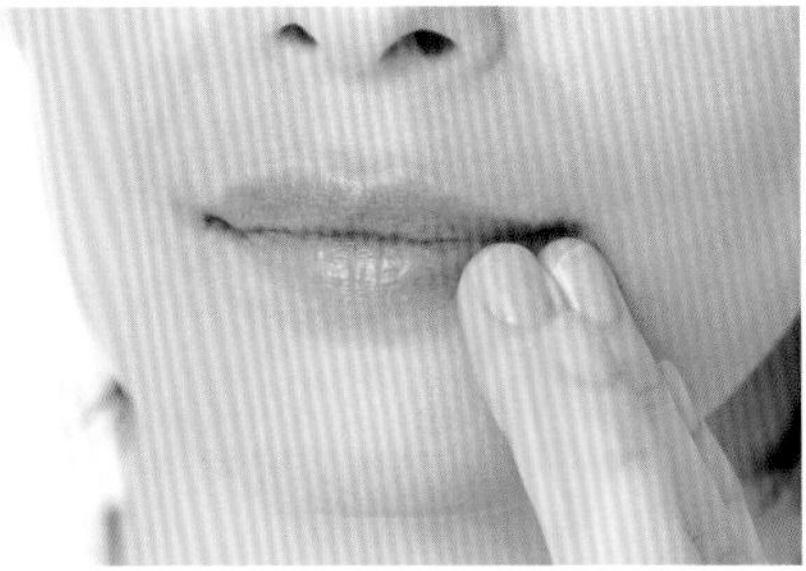

1. 口角の下のくすみを補正

リップを塗る前に口角の下のくすみゾーンを明るく補正しておきます。肌づくりの際、アウトラインに少しかぶさるようファンデーションを薄く塗ります。口周りは動きが多いので、厚塗りにならないように注意して。

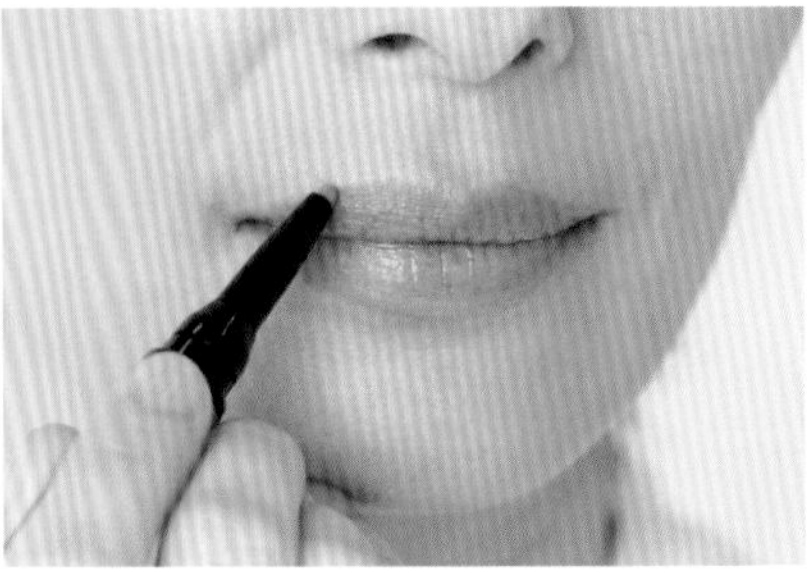

2. 口角から山までにふっくらラインを

リップライナーでふくよかな輪郭をつくります。へこみやすい山から口角にかけて、やや曲線気味につなぎます。下唇のあいまいなラインも唇の底辺にかけてやさしい曲線でつなぎます。

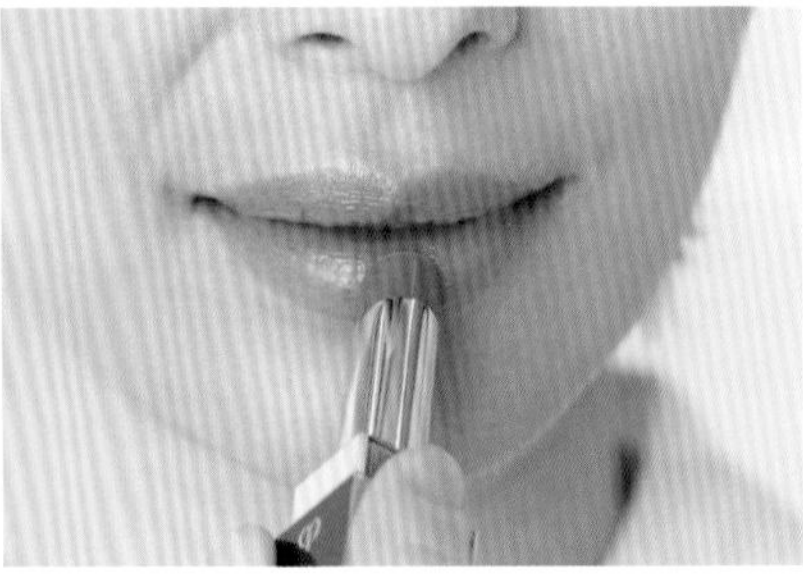

3. 淡めの色のリップを上から全体に

あとは普通にリップを塗るだけ。下唇の中心から色をのせ、全体に広げます。上唇だけ大きくならないようにバランスを確認するのも忘れずに。

COLUMN 02

新製品アイテムは今の自分をあげてくれる

新製品アイテムはやっぱりワクワクしますよね。今の時代のムードが入っている色はもちろん、なにより質感が違います。同じように見えるブラウンのアイシャドウでも、実は数年前のものと今のものとでは、質感が変わっているものがほとんど。ベーシックな色やベースをつくるアイテムでも、どこかに新製品を取り入れるだけで、ぱっと今っぽい雰囲気になるものです。

しっかりメイクをすると古く見えるという人は、ぜひ何かひとつ新製品アイテムに切り替えてみてください。同じテクニックを使っても、仕上がりが違って見えると思います。

色や質感にこそ時代性が反映されます。トレンドを追いかける必要はないですが、季節が変わったら新アイテムを1つ取り入れることにしてみてもいいでしょう。

今のアイテムを使うのは、新鮮な自分に出会えるチャンス。それもメイクならではの楽しさです！

COLUMN 03

チャームポイント、知っていますか？

長年、自分の顔と付き合っていても、チャームポイントはなかなか分からないもの。そんなときは思いきって、家族や友人に聞いてみるのも良いけれど、自分で決めるのもアリだと思います。

私は上下の唇が厚く、子どもの頃から苦手なパーツでした。でも40代になって顔の血色感が薄れてきた今となったら、厚い唇はフレッシュさを演出する格好のパーツ！　リップをメイクのポイントにすることが多くなってきました。

見飽きた顔だと思っていても、年齢を重ねて、パーツや自分の雰囲気が変わったら、新しい魅力が生まれてきている可能性も。私のように苦手だったパーツがチャームポイントになっていたり、自分らしさになっていることもあるかもしれません。

自分の顔と向き合って、今の顔の“好き”を見つける時間、ぜひ一度つくってみてください。

Part 03

ENHANCE YOUR BEAUTY

色のパワーを借りて今のメイクを楽しむ

メイクの楽しさはやっぱり色！ たった1色で表情が華やぐ色の効果を、実は今、若い頃以上に実感できるとき。疲れている日こそ、色のパワーを。顔も心も明るくなります。

RED / PINK / ROSE / ORANGE / NUANCE COLOR / EYESHADOW / NAIL

Method

メイクの楽しさも
お疲れ顔払拭も
色のパワーにお任せ

パート1、パート2で今の顔の悩みにあったテクニックを見直したら、いつの間にか、色が映える顔が仕上がっています。あとは色の効果を最大限に使いながら、自分らしいメイクを楽しむだけ。色のパワーは肌も心も元気にしてくれます。

顔も心も上がるのは
似合う色より、好きな色

もう大人だからと、無難な色でメイクをまとめてしまっていませんか？　40代はもう一度、楽しみながら色のパワーを実感してほしい時期です。

肌がくすんで色のノリが悪くなったと感じている人も、パート1で肌の明るさを、パート2で色が映える上昇パーツを手に入れたから心配ありません。色の効果と楽しさを最大限に感じられる顔の準備はできています。

よく「自分には何色が似合いますか？」と聞かれるのですが、私は40代からは好きな色や使いたい色こそが似合う色と思って、お伝えしています。

イエベやブルベといった肌のベース色を気にするよりも、自分が好きな色を使ったほうが、ずっと気持ちが上がりますよね。使いたいと感じるのは自分の心が欲しているから。顔だって、喜びます。何よりもこれからは心の赴くままに好きな色を楽しんでほしい！

これからお伝えするのは、カラーの取り入れ方と、40代からしか味わえない大人の色の楽しみ方。メイクって、楽しいんです！

Method

疲れが顔に出る私たち。シアーな赤リップがお守りになる

疲れている日に頼りになるアイテムを持っておけば、1週間をずっと心強く乗り切れます。疲れが肌色に反映されやすい私たちにとって、頼りになるのが赤リップ。お疲れ顔のあれこれを、たった1アイテムで払拭してくれます。

MAQuillAGE
SHISEIDO

ひと塗りでお疲れ払拭！
マイ定番に赤リップを

1週間も後半に差し掛かると、顔にも疲れが出てきがち。そんなときに投入したいのが赤色です。血色感にも直結する赤は、効果的に使うと顔を一気に元気にしてくれるので必ず持っておきたい色。

大人の顔は疲れてくると、肌色が冴えなくなってきます。朝、ベースメイクをきちんとしても、夕方には影が目立ってげっそりして見えることも。

そういうときには、赤リップに頼ってみてください。

赤の中でも選ぶべきは、濁りのない、透明感のある赤。シアーなタイプの赤リップです。お疲れ顔の払拭に必要なツヤと血色感を、1アイテムで叶えてくれます。

塗り方は全体に輪郭からきちんと塗るのではなく、少しラフに塗るくらいが丁度良いです。ぽんぽんとのせるように塗れば、じんわり内側から滲み出るような血色感を演出できます。

濁りのない赤リップなら、透明感が出て肌馴染みも良く、どんな肌の色でも似合います。赤リップは40代からのすべての女性にとって、頼れるお守りリップなのです。

例えるならかき氷のイチゴシロップみたいな透けるような赤が理想。自分の唇色が透けながら血色感の赤を仕込めるので、肌から浮かない。

Method

大人だからこそ楽しめる目元で見せるダスティレッド

くすみがかった色気のある赤色は、成熟した大人にこそ楽しんでほしい色のひとつです。目元に赤を纏うと、それだけでメイク上級者のおしゃれ顔に。お疲れ顔の日も元気な日も使ってほしい、目元に赤を招く提案です。

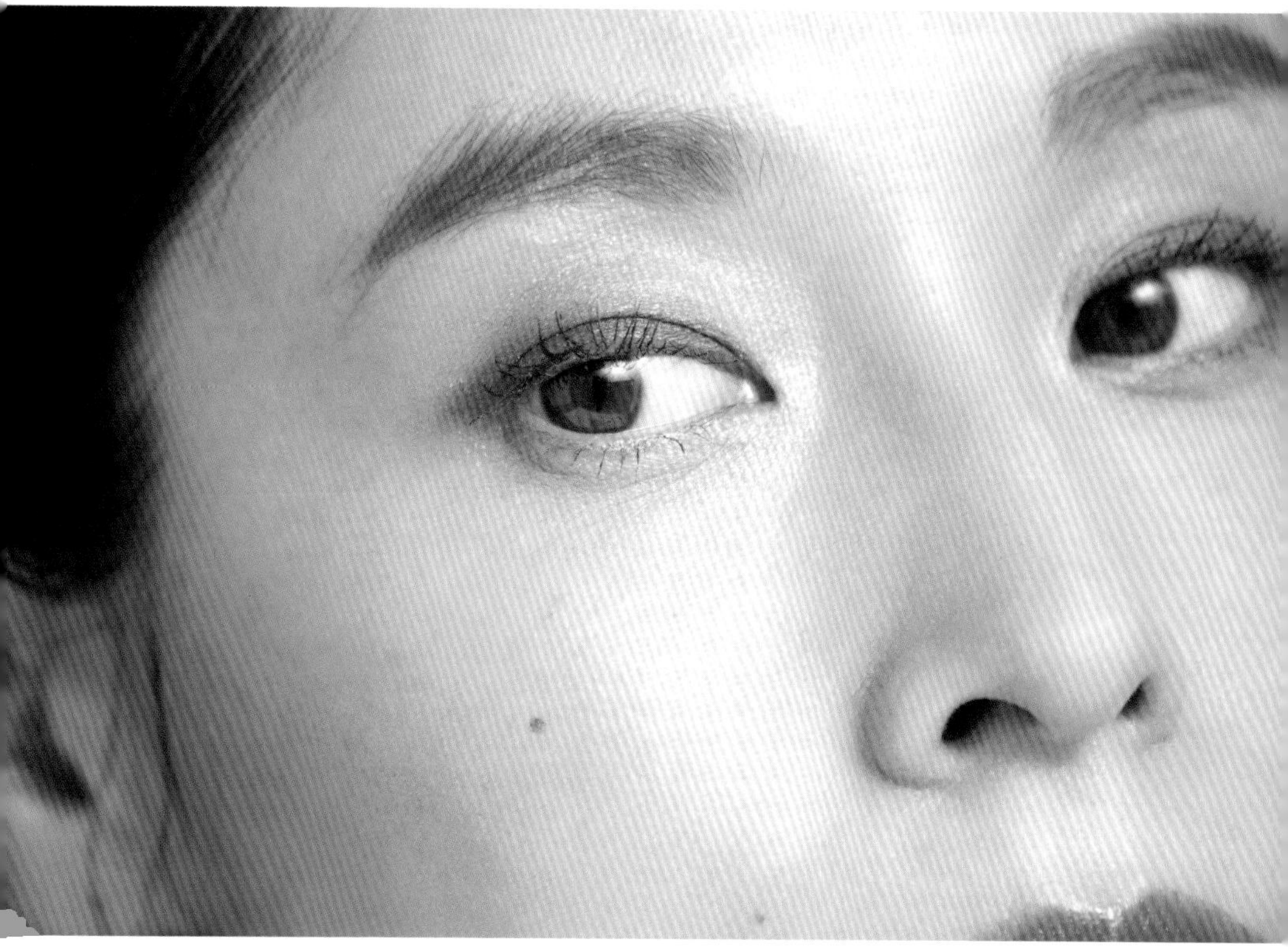

Eye shadow | アイシャドー

赤のシャドウをライン使い

赤を使うと腫れぼったくなるという人は、色選びに気をつけて。
太めのアイラインライン風に入れることも、すっきりと見せるコツです。

1. チップでラインを描くように

チップを目尻の上部、やや外側に置き、黒目上までラインを入れるようにつなげていきます。ラインの幅は二重幅を目安に。

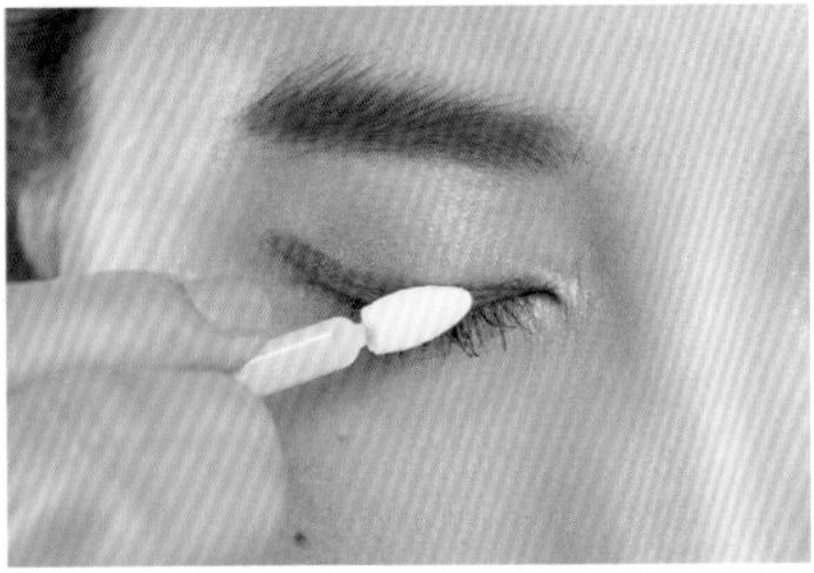

2. 目頭側からラインをつなげる

目頭側にチップを置き、1で入れたラインにつなげます。

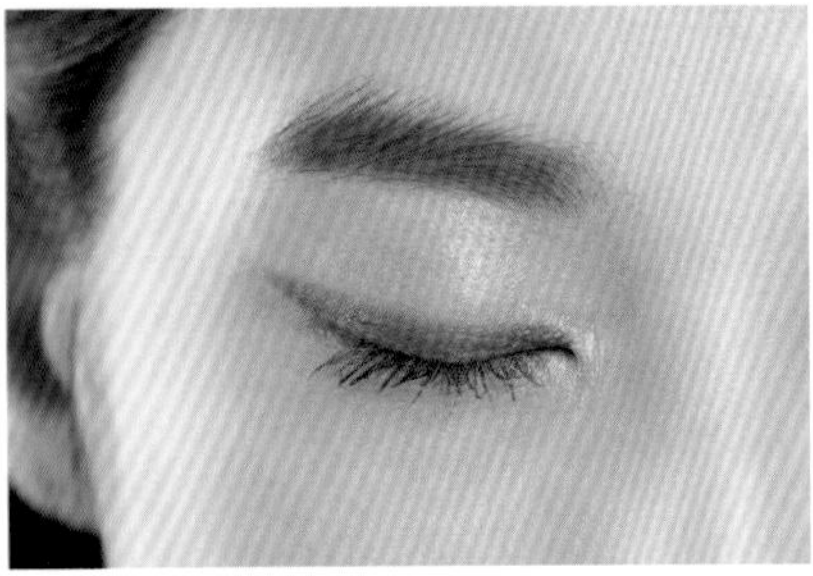

3. 目元がすっきり見えるラインシャドウに

赤のシャドウの入れ終わり。アウトラインは何もついていないチップなどでふんわりぼかすと自然に。

目周りに赤を纏って 血色感をアップ

本当に赤が似合うようになるのは、40代に入ってからだと感じています。もちろん若い人の赤もスタイリッシュで素敵ですが、40代に入った私たちはもっとこなれて、自然体に、赤を受け入れられるようになっています。

だから疲れている日はもちろんのこと、元気な日にも、メイクに赤を取り入れるのを、選択肢のひとつに持っていると心強い。

右ページのようなニュアンスレッドを使ったアイメイクは、まさに大人の女性のためのメイクです。

少しダスティなワインレッド系のアイシャドウを、太めのアイラインのように入れます。ビビッドな赤だときつく見えてしまうこともあるので、少しくすんだ落ち着いた赤色を選んで。アイシャドウをライン風に入れることで目元が腫れぼったくならず、それでいてほど良い血色感も演出できます。赤リップに抵抗がある人には、お疲れ顔払拭メイクとして、目元に赤をもってくるのもおすすめの方法です。

赤が似合うようになる。それはきっと素敵な年の重ね方をしてきた、嬉しい証です。

Method

青みピンクで
ハズしの〃可愛いさ〃を
ポイントに

甘すぎる気がして遠ざかっていたピンクのリップも、もう一度トライしても良い頃です。特にシンプルでカジュアルなファッションにこそ、青みピンクリップのハズし色がポイントになります。今の肌にあったピンクを選んで。

今の肌に合わせて
ピンクの色みを見直し

誰もが一度は手にしているピンクのリップ。上品さとフェミニンさが似合う年頃になり、今またピンクと相性が良い年齢になってきています。ただし若い頃に似合ったピンクと、今選ぶべきピンクは違います。40代からのおすすめピンクは、「青みのピンク」。可愛すぎず、肩の力が抜けた甘さで、黄みに偏りがちな大人の肌を明るく見せてくれるのでぜひトライしてほしい色。濃いめの肌の色なら、深みのあるカシスカラーなどもお似合い。

淡いピンク系の下地で肌をトーンアップしておくと、ピンクのリップがより映えやすくなる。リップ右は肌の色が明るめな人、左は健康的な印象の肌の色におすすめのカシスカラー。

Method

透明感を引き出す〝感じさせない〟ローズチーク

肌色が冴えなくなってきたら、チークの色を見直してみてください。40代からのチークはメイクの脇役。色みを感じさせないローズのチークなら、くすんだ肌を明るく、優しく透明感を高めてくれます。

ローズチークが
黄ぐすみ肌をブライトアップ

リップと同様に、チークの色も更新のタイミングです。肌色が冴えない、メイクをしても肌が暗く感じる、なかでも特に肌の黄ぐすみを感じている人は、チークの替え時かもしれません。

年齢とともに肌は黄みが増し、明るさも失われていきます。コーラルやオレンジなどのチークをしっかりのせるのは、確かに健康的で可愛いらしいですが、黄みが強くなった肌にのせるとより黄ぐすんで見えてしまうことも。

だから40代からはほんのり青みの「ローズチーク」を選ぶのが正解。チークの青みによって錯視効果が生まれ、肌の黄みを抑えて、肌に透明感を与えてくれます。

パート1でこれからのチークの役割は、光を集めることとお伝えしたのは覚えていますか？　そう、40代からのチークの基本の役割は、色や可愛らしさの演出ではなく、肌の明るさアップの名脇役。

青みのあるソフトなローズチークをふんわり肌にのせてみてください。色みの主張が控えめなのに、肌全体をふわっと明るく透明感を引き出してくれます。

肌の明るさと透明感を高めるチークの入れ方は、パート1の52ページを参考に。ハイライトとのダブル使いもポイントです。

透明肌のための
ローズチークとの色バランス

コーラル系は黄みよりのピンクで、ローズという名前が付く色はたいていが青みのピンク。そんなローズチークを最大限に利用するなら、他のメイクパーツも色みを強調しない方が、ふんわりとした透明感がお顔全体に宿ります。40代からどんな方でもきっと似合う、おすすめのコーデです。ただし、眉やアイライン、マスカラなどで上昇ラインをつくっておくのを忘れずに！

Method

大人のヘルシー感はテラコッタオレンジのワントーンメイクで

フレッシュなイメージのオレンジは、赤み寄りのテラコッタ系オレンジを選ぶのが、みずみずしさと大人っぽさを両立させるコツ。ヘルシーな印象に仕上げたい日、少し上品なカジュアルモードにしたい日にも、ぜひテラコッタオレンジを。

オレンジメイクはトーンをまとめて

オレンジを使うときはアイメイク、チーク、リップをワントーンでまとめると、
幼くなりすぎず、品良く仕上がります。

Eye shadow | アイシャドウ

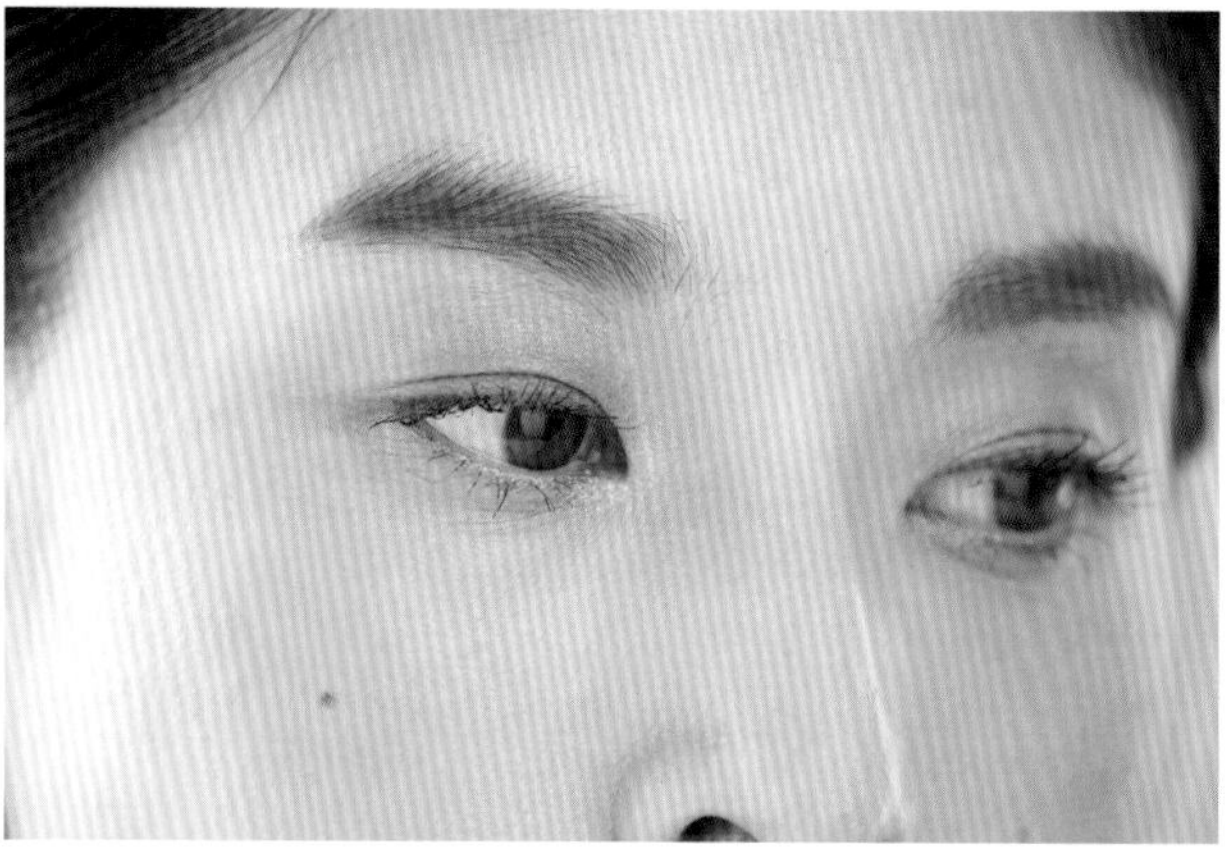

発色の良いオレンジシャドウをアイホール全体に広げ、みずみずしい目元を演出。マスカラを上下にしてアクセントに。下まぶたにのみ、レフ板効果にパール感のあるラインを。

Lip | リップ

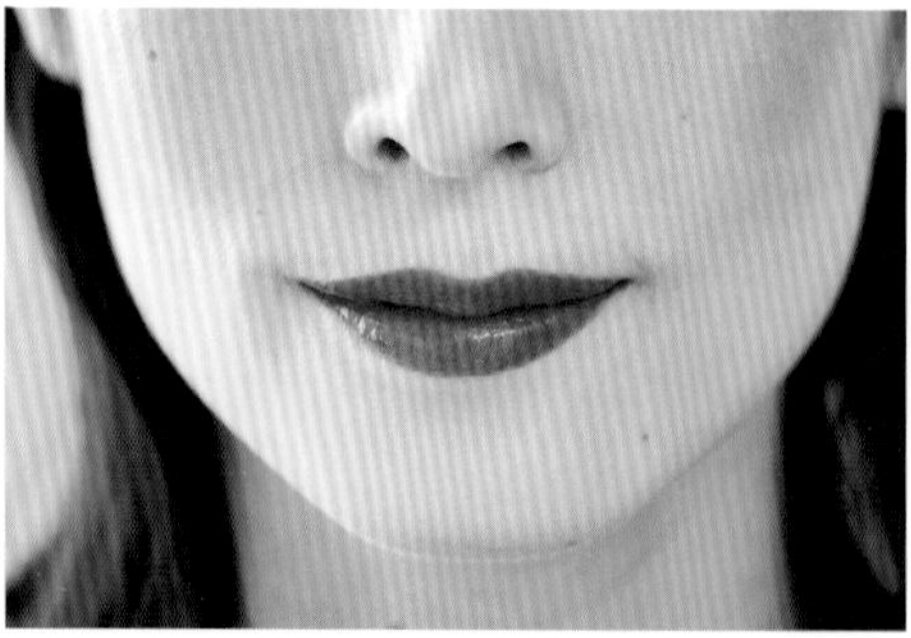

テラコッタオレンジのリップを主役に。赤みのあるオレンジが肌色をきれいに、健康的に見せてくれる。赤リップよりもカジュアルかつ、ヘルシー感のある雰囲気に。

Check | チーク

チークはコーラル系オレンジをチョイス。肌馴染みの良いオレンジ色が目元と口元のオレンジをさりげなくつないで、全体にまとまりを出してくれる。

POINT

ワントーンメイクは主役をひとつに絞るのがまとまりを出す秘訣。赤み系のオレンジリップを主役にすることで、元気すぎず、オールシーズン使える、上品ヘルシーな顔に。

Method

こなれたニュアンスカラーでさりげない遊び

大人のカラーメイクはニュアンスカラーが良き相棒。さりげなく、でも確実にこなれたおしゃれな顔に導き、しかもメイクの楽しさまで思い出させてくれるのがニュアンスカラー。アイライン、眉、リップ……さぁ、どこで色を楽しみましょう!?

SHISEIDO
MicroLiner
Crayon

大人の遊び心を刺激する ニュアンスカラー

いつものメイクにマンネリを感じていたら、ぜひニュアンスカラーを取り入れてみてください。

たとえばカーキやグレー、ピンクブラウンやバーガンディ。リップならブラウン系もニュアンスカラーと呼べるでしょう。曖昧な中間色で深みと味のあるカラーが、大人の顔をおしゃれ顔に導いてくれます。

ニュアンスカラーの特長は、なんといってもそのこなれ感。黒やブラウンよりもやわらかな印象で、しかも主張しすぎない色が、顔の個性を生かしたままに、抜け感と洗練された雰囲気を演出してくれます。そう、「がんばっている感」を出さずして、おしゃれ顔をつくれるのです。

初めてトライするなら、アイラインか、アイブロウで。アイラインならグレーやカーキ。特に寒色系のアイラインは、メイクのちょっとしたポイントになるのでおすすめです。アイブロウマスカラならソフトピンクブラウンなど、ぜひ試してみてください。

一度、ニュアンスカラーを手にすると、きっとあれこれ試したくなるはず。そういった色遊びも、メイクの楽しさですよね！

すべてのパーツにとりいれてもOK

ニュアンスカラーは目元に取り入れるのが正解。
カラーライナーなら洗練された色の主張でさりげなく、
でもめいっぱい楽しめます。

Eye line | アイライン

目元はベースだけ整えたら、カーキのアイラインをポイントに。細いラインでも色の気配は十分！ 上昇ラインでラインを引いて（p84）、下まぶたには赤みのあるローズカラーでバランスを。

POINT

各パーツにニュアンスカラーを仕込んだら、チークは引き算してOK。今回は下まぶたにローズカラー、口元にも赤みがあるのであえてチークレスに。

目元に強さがあるので、眉には優しいニュアンスを。ダークブラウンで描いた上から、ソフトピンクブラウンのアイブロウマスカラをオン。やわらかな眉に。

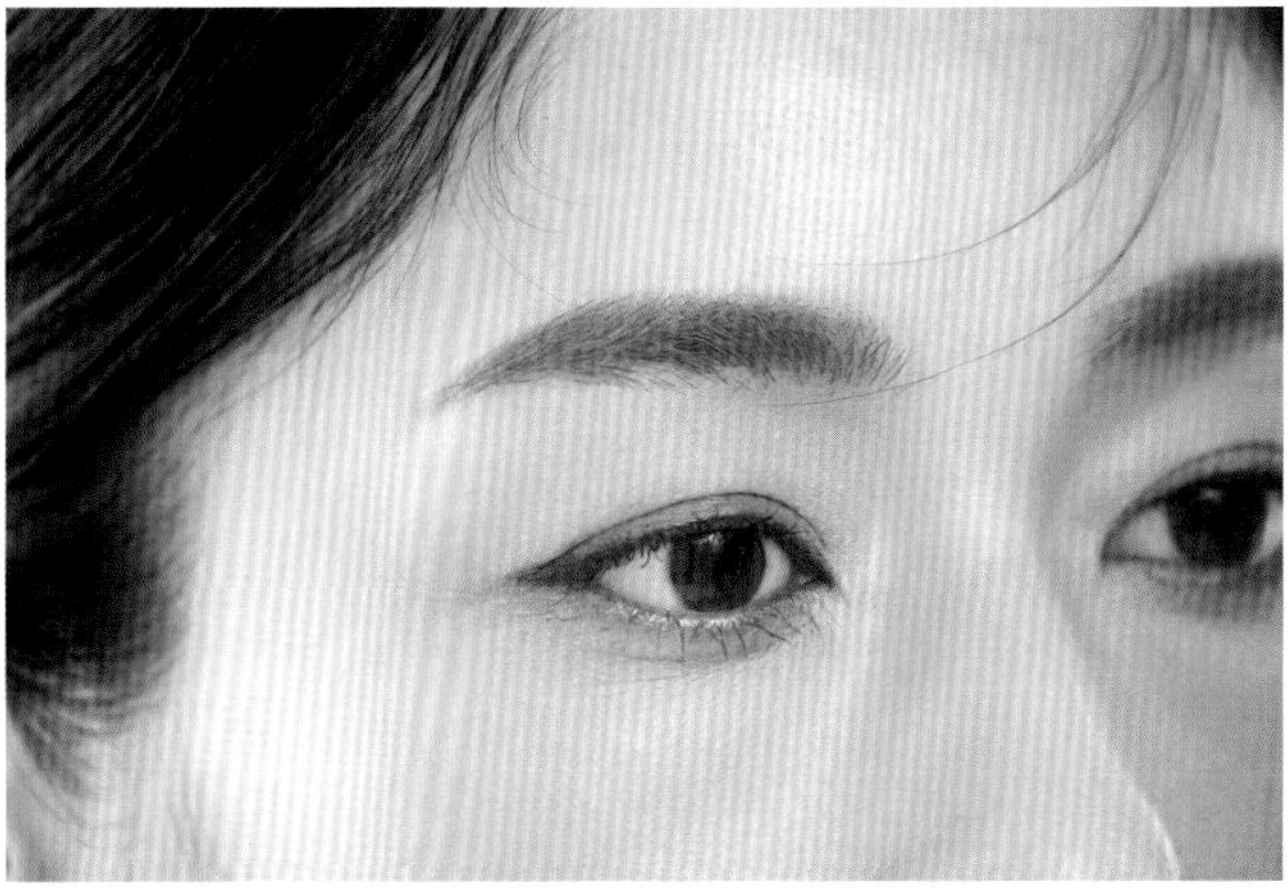

Eye line | アイブロウ

Lip | リップ

リップはモード感のある赤みブラウンで、ソフトマットな質感をチョイス。さっと塗るだけで、テクニックいらずなのに洗練された印象に。

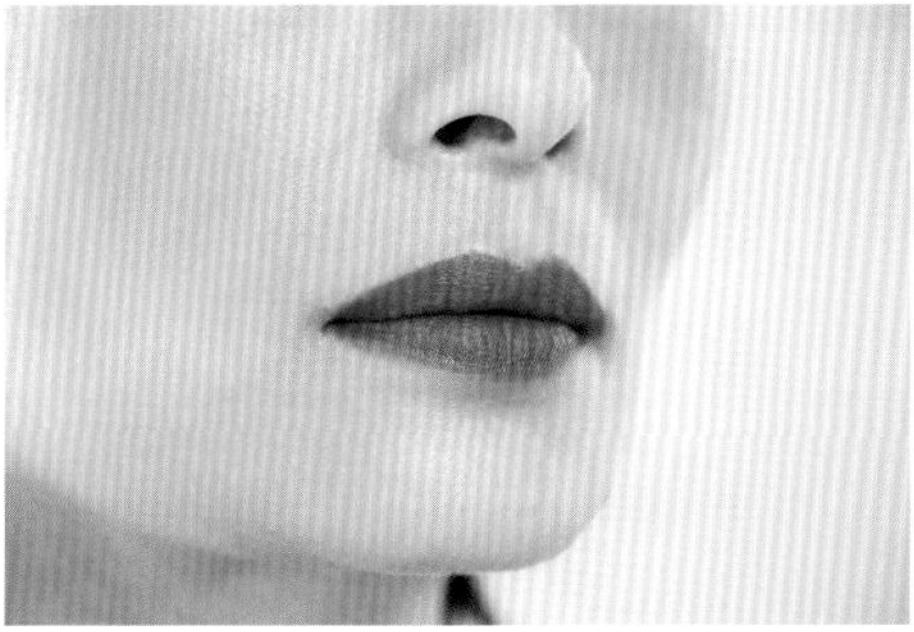

Method

色のパワーを借りて目元の悩みをソフトにカバー

自分に似合うアイシャドウの色が見つからないという人は、色の効果を知るのもアイシャドウ探しの近道になります。アイメイクを楽しみながら目元の悩みもカバーできる、お悩み別アイシャドウ選びのヒントをお伝えします。

お悩み別、今の目元に似合うアイシャドウ

アイシャドウの色には明るくするだけでなく、立体的に見せたり、ツヤのある質感に見せるなど、さまざまな効果があります。せっかくメイクをするなら、これら色の効果を最大限生かしたいもの。

特に40代は目元に悩みが多く出てくる時期。くすみやシミ、たるみ、目元がぼんやりしてきたという人も多くいます。またシワや目の落ちくぼみも、これから徐々に感じ始める頃です。

これらの悩みを光のパワーで調整する方法は、パート1でお伝えしてきました。そこにさらに色の効果をプラスしてあげると、より悩みの解決につなげられます。

たとえばくすみやシミには、明るく見えるベージュ系を。シワには質感がきれいに見える繊細なパール系を、というように。次のページと１４０ページからのコラムでは、そんな悩みに効果を発揮してくれるアイシャドウの色を紹介します。

今までのアイシャドウの色が似合わなくなったと感じているなら、お悩みを入り口にアイシャドウを選んでみては？　なんだかしっくりいかなかったメイクへの答えがあるかもしれません。

くすみ・シミに

肌を明るく見せてくれるのは暖色系のベージュ。赤みベージュやピンクベージュを選んで。青み寄りのベージュは暗さを増してしまうのでNG。

（左）ローラ メルシエ：キャビア クローム ヴェイル　ライトウェイト リキッド　アイカラー（05）、
（右）マジョリカ マジョルカ：シャドーカスタマイズ（BE203）

まぶたの小ジワ・目尻のシワに

色よりも質感重視。繊細なパール感のあるもので光を反射して、凹凸を気にならなくさせて。パールが大きいとシワに入り込んでしまうので注意。

（左）SHISEIDO メーキャップ：ポップ パウダージェル アイシャドウ（02 Horo-Horo Silk）、
（右）マキアージュ：アイカラーN（クリーム）（PK214）・アイカラーN（パウダー）（RD734）

まぶたのたるみ・ぼんやり目に

さりげない立体感を演出して目元そのものを強調させるのがアイシャドウの役割に。自然な影をつくれるブラウンみのあるカラーや、他の色みでも、ある程度濃さのあるものを。

(左)ローラ メルシエ：キャビアスティック アイカラー(ローズグロウコレクション)(R4 Bed of Roses)、
(右)インテグレート：ワイドルックアイズ(BR271)

目元のくぼみに

膨張効果もある明るめのパープルやグリーンのアイシャドウを。上まぶた全体にふわっとのせ、影をふんわりさせてハリのある明るいまぶたに。

(左)グレイシィ：指塗りグラデ アイシャドウ(OR1ミントオレンジ)、
(右)マジョリカ マジョルカ：シャドーカスタマイズ(フローティング)(VI101)

Method

ハズし色はネイルで楽しむ

ちょっと攻めているハズし色は、あえて指先に纏うと気分も上がって、おしゃれ感もアップ。寒色系カラーや、濃いめのはっきりした色は、指先にもってくると良いアクセントに！

（上から）マジョリカ マジョルカ：アーティスティックネールズ　（スピーディー＆グロッシー）（VI311）、インテグレート：ネールズ　N（VI715）、マジョリカ マジョルカ：アーティスティックネールズ　（スピーディー＆グロッシー）（GR615）、インテグレート：ネールズ　N（RD610）

パープル系は肌に透明感が出るのでハズし色の中でも特におすすめ。思い切り濃いグリーンやワインレッドなどを単色で塗るのも素敵。白すぎる色は肌を暗く見せてしまうので注意して。

COLUMN 04

肌色×髪色で診断！
悩み別おすすめアイカラー

目周りの悩みもカバーしてくれるアイカラー。悩みにプラスして
肌色や髪色に合わせて選ぶと、さらにしっくり、効果もアップ！

＼POINT／
強い青みやグレイッシュな色はNG。ほんのり赤みがある色で明るさを演出。

目周りのくすみ・シミ

肌の色がどちらかというと…

A 明るめ～中間
B 濃いめ

A →

髪色が
A 明るめ～ブラウン
B 暗め～地毛に近い

B →

髪色が
A 明るめ～ブラウン
B 暗め～地毛に近い

ニュアンスピンク

ほんのりピンクで、
あたたかみと
明るさを。

インテグレート：トリプルレシピアイズ（RD704）

明るめの赤みベージュ

赤みベージュが
暗髪に
ぴったり！

ローラ メルシエ：キャビア クローム ヴェイル ライトウェイト リキッド アイカラー（01）

明るめの透け感オレンジ

ヘルシーな
雰囲気で目元に
明るさをプラス。

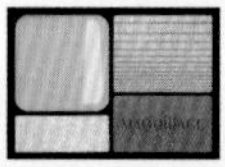

マキアージュ：ドラマティックスタイリングアイズD（OR311）

コーラルオレンジ

赤みのある
オレンジが
髪色に◎。

マジョリカ マジョルカ：シャドーカスタマイズ（フローティング）（OR202）

＼POINT／

シワが目立たないように
パールやラメの
質感選びに注意して。

まぶたや目尻のシワ

肌の色がどちらかというと…

Ⓐ 明るめ～中間

Ⓑ 濃いめ

A ↙　↘ B

髪色が

Ⓐ 明るめ～ブラウン

Ⓑ 暗め～地毛に近い

髪色が

Ⓐ 明るめ～ブラウン

Ⓑ 暗め～地毛に近い

繊細パールのベージュ

しっとりパールが
シワに
入り込まない！

SHISEIDO メーキャップ：ポップ パウダージェル アイシャドウ（02）

繊細パールのグレージュ

明るめ～中間の
肌色にきれいに
映える色。

マキアージュ：アイカラー N（パウダー）（BR736）

繊細パールのベージュゴールド

ほんのり
ゴールドが肌色を
輝かせる。

ローラ メルシエ：キャビア クローム ヴェイル ライトウェイト リキッド アイカラー（04）

繊細パールのベージュブラウン

繊細なゴールド
パールのグラデが
シワにも◎。

グレイシィ：指塗りグラデ アイシャドウ（BR2）

まぶたのたるみ
目元のぼんやり

＼POINT／
ほんのり立体感がつくれる暗すぎないカラーをチョイス。

肌の色がどちらかというと…

Ⓐ 明るめ〜中間

Ⓑ 濃いめ

A ↙　↘ B

髪色が

Ⓐ 明るめ〜ブラウン

Ⓑ 暗め〜地毛に近い

髪色が

Ⓐ 明るめ〜ブラウン

Ⓑ 暗め〜地毛に近い

ニュアンスブラウン

輝き感と
陰影感の
両方が叶う。

SHISEIDO メーキャップ：オーラデュウ プリズム（03）

ピンクブラウン

暗めの髪色に
ピンクみが
映える！

マキアージュ：ドラマティックスタイリングアイズS（RD332）

赤みベージュブラウン

グラデが濃すぎず
肌色に良い
馴染み具合。

インテグレート：ワイドルックアイズ（BE272）

ニュアンストープカラー

きらめくトープ
カラーが髪色に
合う陰影を。

SHISEIDO メーキャップ：ポップ パウダージェル アイシャドウ（08）

＼POINT／

影を明るく見せる

淡い色や質感で、まぶたを
ふっくらと見せるのがコツ。

目元のくぼみ

肌の色がどちらかというと…

A 明るめ～中間

B 濃いめ

A →

髪色が

A 明るめ～ブラウン

B 暗め～地毛に近い

A →

キラキラの明るめ白～ベージュ

明るさだけ
プラスする
ホワイトがベスト。

SHISEIDO メーキャップ：ポップ パウダージェル アイシャドウ（01）

B →

キラキラのラベンダー

ラベンダー
カラーが
髪色にマッチ！

マジョリカ マジョルカ：シャドーカスタマイズ（フローティング）（VI101）

B →

髪色が

A 明るめ～ブラウン

B 暗め～地毛に近い

A →

キラキラのミント×オレンジ

明るい２色が
肌と髪の色に
自然に馴染む。

グレイシィ：指塗りグラデ アイシャドウ（OR1）

B →

キラキラの明るめゴールドベージュ

ほんのり
あたたかみのある
ゴールドを選んで。

ローラ メルシエ：キャビアスティック アイカラー（ローズグロウコレクション）（R2）

ENHANCE YOUR BEAUTY

Part 04

3つのメソッドを使った
フルメイクの流儀

「見直しメイク」でお伝えしてきたのは、今の顔を分析して調整し、自分の素敵さを高める方法。オケージョン別に提案するフルメイクのメソッドから、今必要な見直しテクニックを見つけてください。

OCCASION / WEEKDAY / ONLINE MEETING / MODE / RELAXING / MAKEUP FOR FACEMASK

Method

バランスの良い
フルメイクは
見直しメイクを少しずつ

素敵なメイクとは、すべてが完璧なメイクではなく、全体のバランスがちょうど良いメイク。見直しテクニックも全部を完璧にする必要はありません。今の顔、今の気分が求めているメイクを見つけることから始めましょう。

まずはワンポイント
力の入れどころを決める

変わってきた自分の肌悩みやパーツが気になって気分がめいる……そんな日も少なくないかもしれません。でも40代からのフルメイクは、ポイントさえ押さえれば十分素敵に仕上がります。

すべての悩みを隠そうとするのも、もしくはもう何をしても無駄なんて諦めても、うまくいきません。それよりも、それぞれを７０％くらいの満足度で仕上げて、最後にどうしても気になると感じた部分だけ、少し丁寧さを足してみる。そのくらいのほうが大変じゃないし、バランスの良い顔に仕上がります。

むしろ大切なのは、今の顔、これまで築いてきた雰囲気を、変えすぎずに、より素敵に生かすこと。これまでお伝えしてきた見直しテクニックは、そのためのメイクのコツのようなものです。

もしメイクが楽しくなくなったと感じているなら、今日は「色」、今日は「上昇アイライン」というように、ポイントを決めて、何かひとつ見直しテクニックを取り入れてみるのもおすすめです。力の入れどころが明確になると、メイクのバランスにもメリハリがつきます。そして何よりやりがいが生まれ、メイクの楽しさが蘇ってくるはずです！

POINT

青みピンクリップが主役のメイク。目元は光を集める質感アイシャドウ（→p46）、目尻だけ切れ長アイラインを黒でプラス（→p92）。

透明感アップの時短メイク

忙しい朝でも肌の明るさだけは手に入れたいもの。
ポイントを絞った時短メイクで輝くような
透明感のある肌を手に入れて。

光

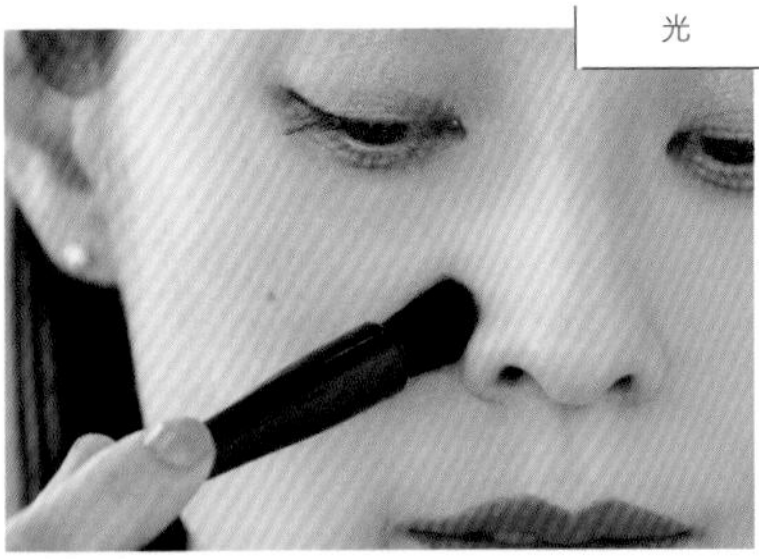

テカリを抑えて ツヤの効果を高める

黒目の下を起点にファンデーションを広げた後は、小鼻周りなどのテカリゾーンだけをお粉で抑えます。質感にメリハリがつくのでハイライトを入れなくてもツヤゾーンが輝き、透明感のある明るい肌に。（→p32、38）

ライン

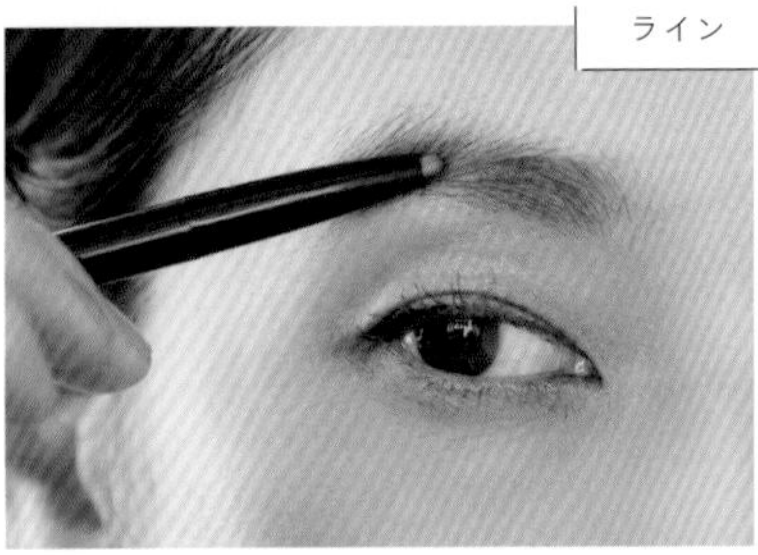

品格グレー眉で 仕事にもふさわしく

ナチュラルメイクでもグレー眉にするだけで、凛とした上昇眉が品のある雰囲気に導いてくれます。リップとも色の相性が良いのも◎。眉尻は先細りになるように。（→p79、82）

色

肌の透明感を上げる 青みピンクリップ

リップは肌色の明るさと透明感を高めてくれる、ローズピンクをセレクト。肌の黄ぐすみもカモフラージュしてくれます。（→p118）

WEEKDAY

POINT

オンラインミーティングに限らず、額を出すなど顔周りの髪もすっきりさせると見える肌の面積が増え、顔全体が明るく見えます。

影をオフしてお疲れ払拭メイク

増えてきたオンラインミーティング。画面越しだと顔が暗く、疲れて見えがち。お疲れ払拭の赤リップを主役に影を感じさせないメイクを。

光

毛穴の影は ブラシで一掃

毛穴の影は肌全体に暗さをもたらす原因になります。毛穴が目立つ頬中心に、ファンデーションブラシでパウダーファンデーションをフィットさせるようにオン。(→p62)

ライン

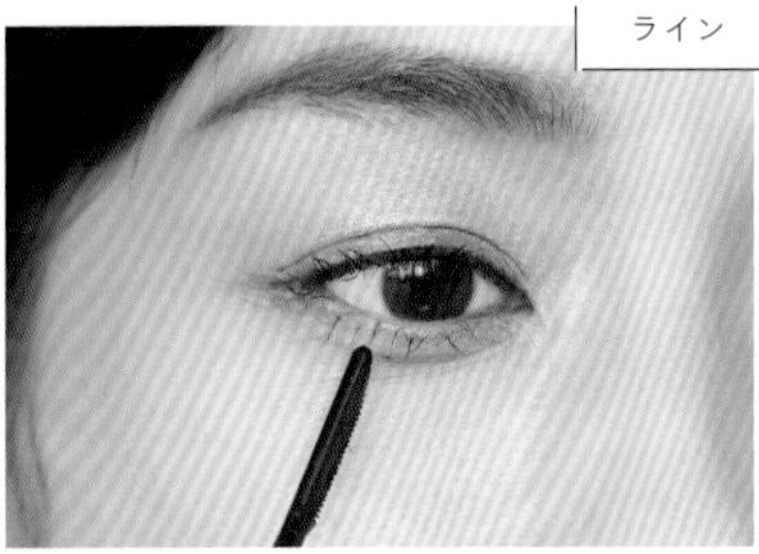

上下にマスカラで くっきり小顔に

上まつ毛だけでなく下まつ毛にもマスカラを塗って、目元の印象を強めます。下まつ毛にもマスカラを塗ることで、目を大きくいきいきと見せます。顔だけが映る画面の中だからこそ、小顔効果を最大限に使って。(→p99)

色

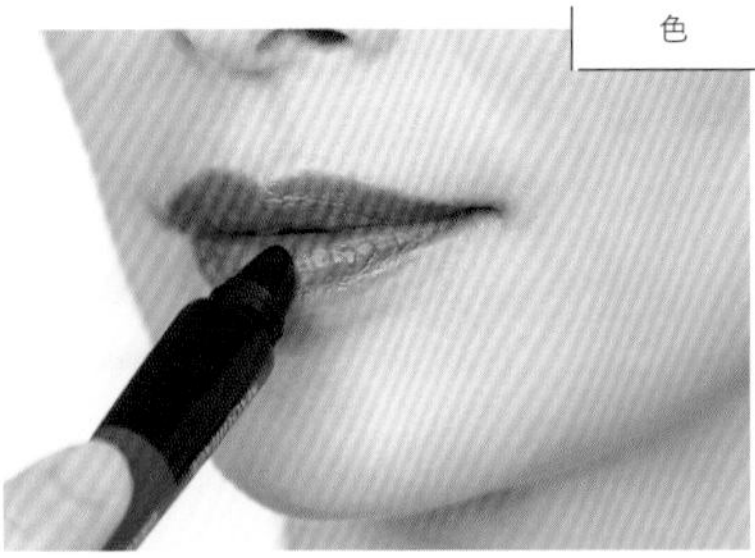

画面越しでも 赤のパワーを

影を感じさせないメイクの主役は、パワーを放つ赤のリップ。透明感のあるシアーな赤が、顔の暗さを取り払い、生命力あるいきいきとした印象にしてくれます。(→p110)

ONLINE MEETING

POINT

色を楽しむアイメイクのときは、同系色をうまく使うとまとまりが出やすくなります。ここではバイオレットのアイラインに合わせて、下まぶたのラインはローズをセレクト。

センスが光る大人のカラーメイク

おしゃれに決めたい日は、ぜひニュアンスカラーに
挑戦を。目元を同系色にまとめれば、
好きな色で自由に遊んでもバランスがとれます。

光

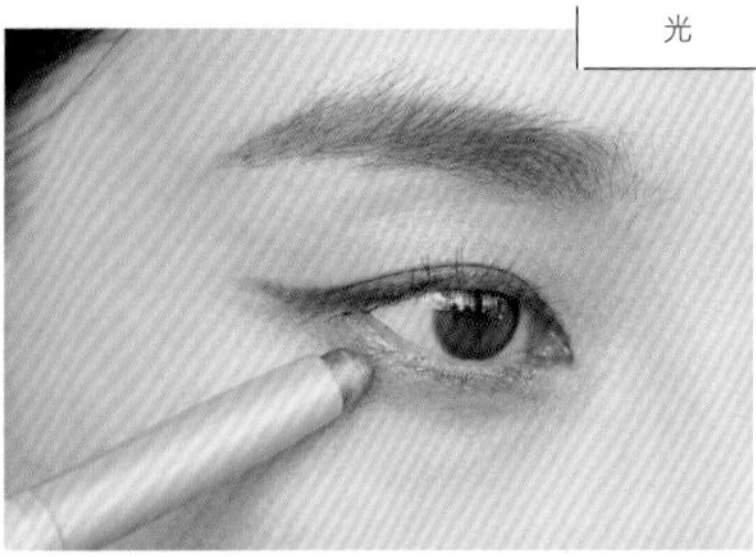

瞳の輝きを増す レフ板ライン

ニュアンスカラーメイクにさりげなく輝きをプラスしてくれる、下まぶたのアイライン。パール感のあるローズのアイシャドウペンシルで、下まぶたのキワに目頭から目尻までラインを入れます。(→p49)

ライン&色

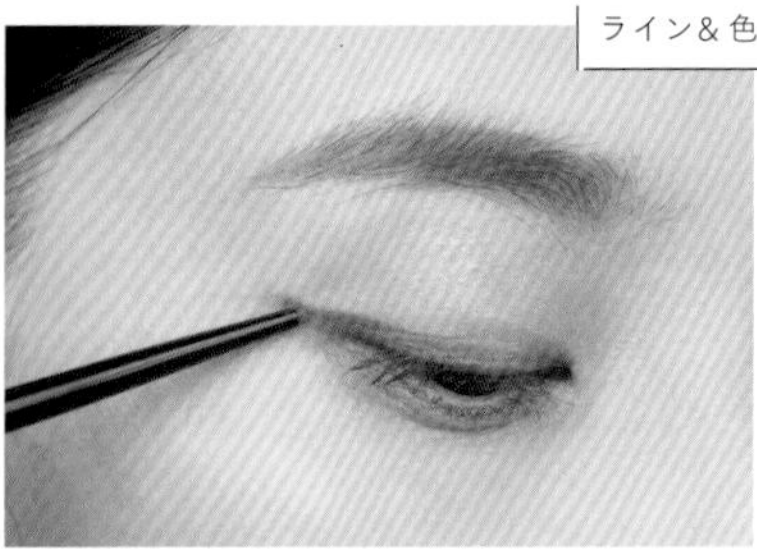

上昇カラーラインは エンドを長めに

バイオレットのアイラインは目尻側をやや長めに引いて、メイクのポイントに。実際の目尻より高めにエンドを設定した上昇アイラインが、下がり気味の目元を引き上げてより印象的な目元にしてくれます。(→p84、128)

色

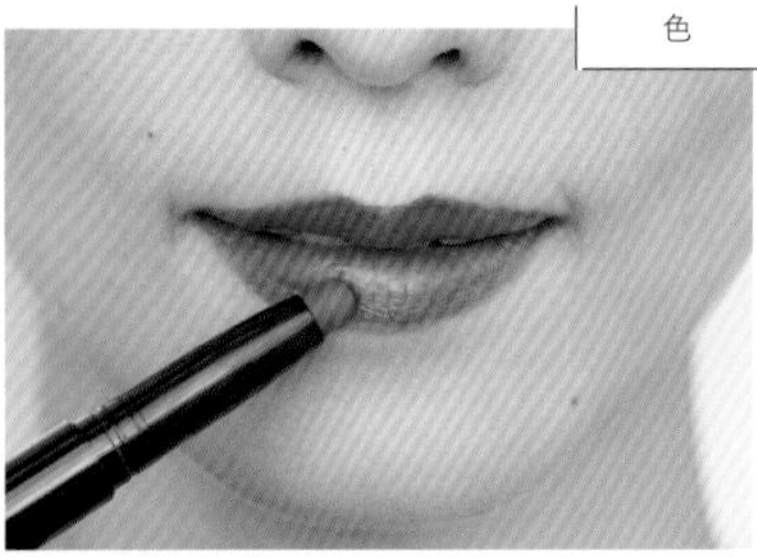

落ち着いた色みで 大人のしゃれ感

印象的なバイオレットのアイラインに合わせるのは、落ち着きのあるマットな質感のブラウンリップ。ニュアンスカラーの組み合わせは、顔の中で華やかさと落ち着き感の役割分担を決めるのも上手にバランスをとる秘訣。(→p128)

MODE

POINT

明るく軽やかなオレンジを選ぶとカジュアル&リラックスな印象に。チークはコーラル系ピンクで血色感をプラスして、黄ぐすみしないように調整。

ツヤ感重視のフレッシュメイク

ヘルシー感抜群のオレンジのワントーンメイクは、
肌から滲み出るような自然なツヤと血色感がポイント。
軽やかなオレンジを選んで。

光

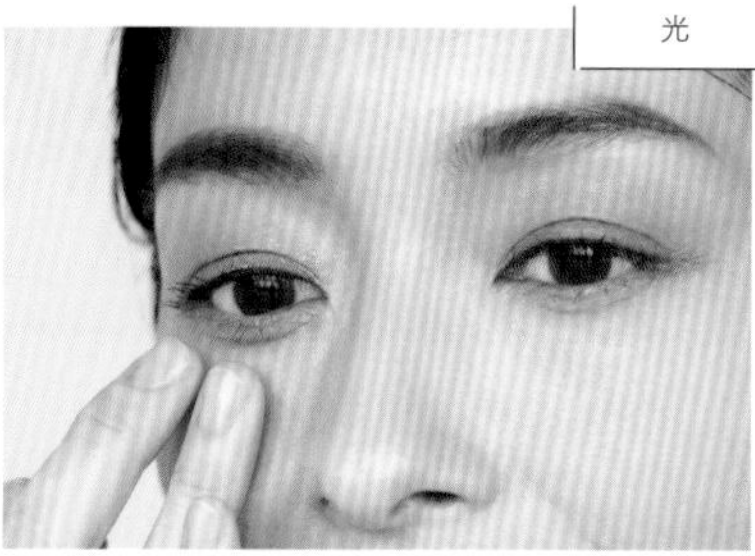

下まぶたの影を
ハイライトでカバー

ナチュラルメイクほど目周りの明るさが大切。黒目の下を中心に、クリームタイプのハイライトを指でのせ、下まぶたのたるみなどの影をカモフラージュ。上まぶたには明るいオレンジシャドウを。(→p45)

ライン

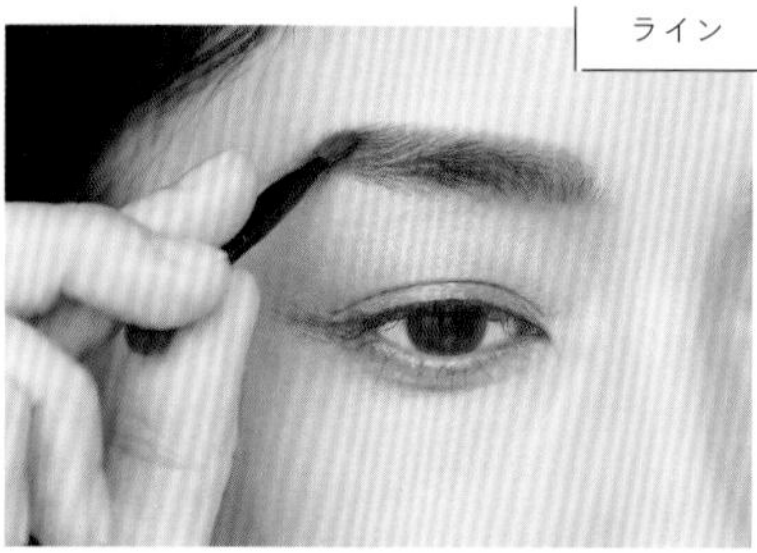

ワントーンメイクを
上昇眉で引き締める

薄い色みのワントーンメイクでは、顔にメリハリを出すのが眉の役割。下がりパーツを感じさせなくさせる上昇眉こそ、こだわるべきポイントです。パウダータイプでふんわりとした質感にしてバランスをとって。(→p74)

色

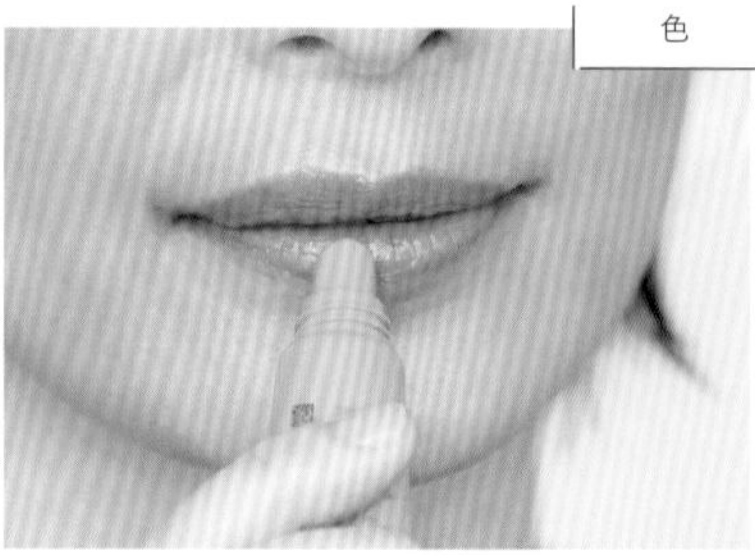

潤いに満ちた
フレッシュな口元

リップは色みよりもツヤ感重視。透け感のあるオレンジのグロスで、ほんのりとした血色感とジューシーなツヤを演出。いきいきと健康的な雰囲気に。(→p124)

RELAXING

POINT

マスクの時はアイメイクに力が入りがちですが、強いアイメイクよりもどこかやわらかい印象のアイメイクのほうが、マスクをとった時の顔とも好バランスです。

チークレスでも血色感メイク

マスクで口元、頬が隠れても生命感溢れる目元が主役のチークレスメイク。マスクを外してもいきいきとした印象はそのままです。

光＆色

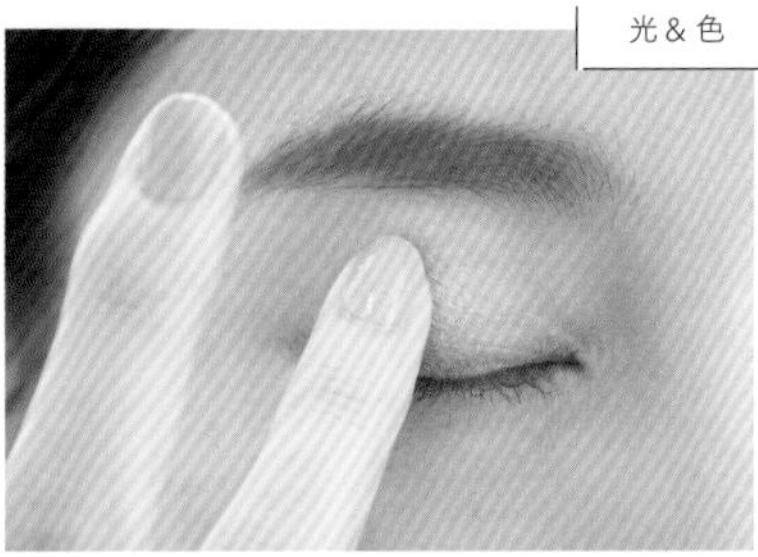

まぶたをふっくら血色感アップ

繊細な輝き感のあるピンクベージュのアイシャドウをアイホール全体にオン。ハイライトのキラキラした質感が目元のくぼみを明るくふっくらと見せ、ピンクの色みが自然な血色感を与えてくれます。(→p46、140)

ライン

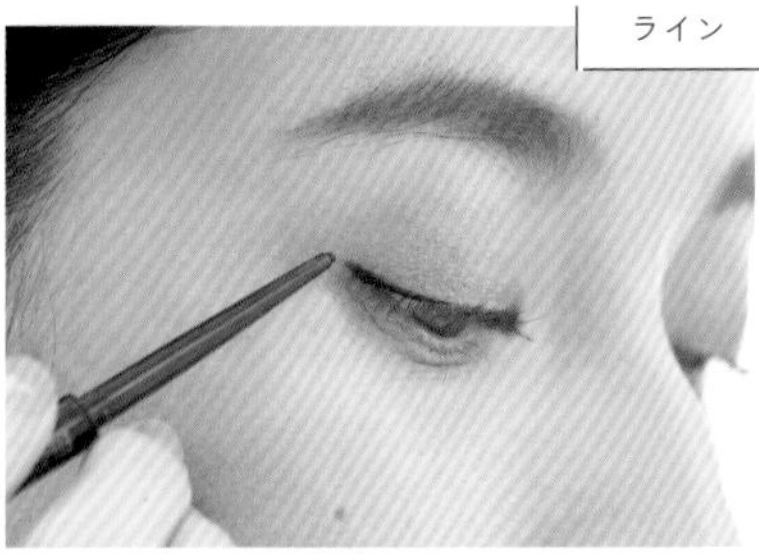

切れ長アイラインで強さをプラス

目尻だけに引く「切れ長アイライン」で、ふわっと明るくした目元を引き締めます。目尻よりも少し高い位置にラインのエンドを設定し、目尻3分の1までラインを引きます。アイラインは引き締め効果を狙い黒を選択。(→p92)

色

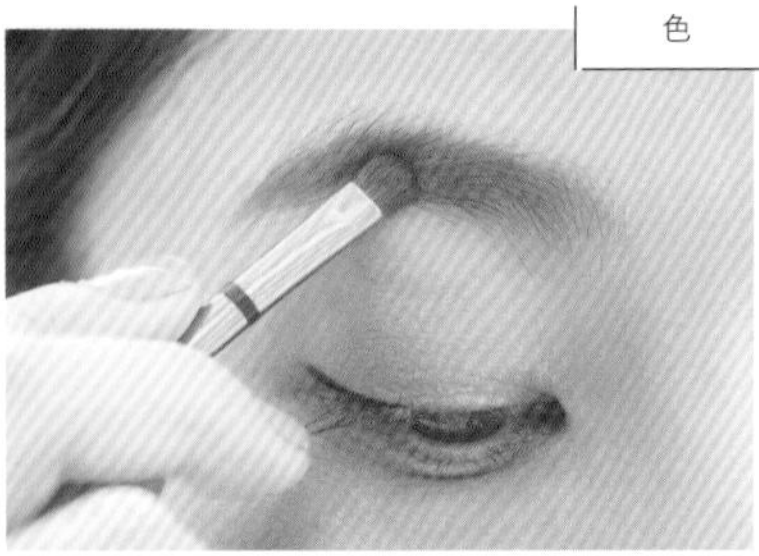

眉でも感じさせるほのかな血色感

アイブロウパレットからレッドのパウダーをセレクト。眉に赤みが足されることで、目周り全体で血色感を演出できます。濃い色で描くよりも優しい印象になり、マスクの白とコントラストがつきすぎるのも防げます。

FACE MASK

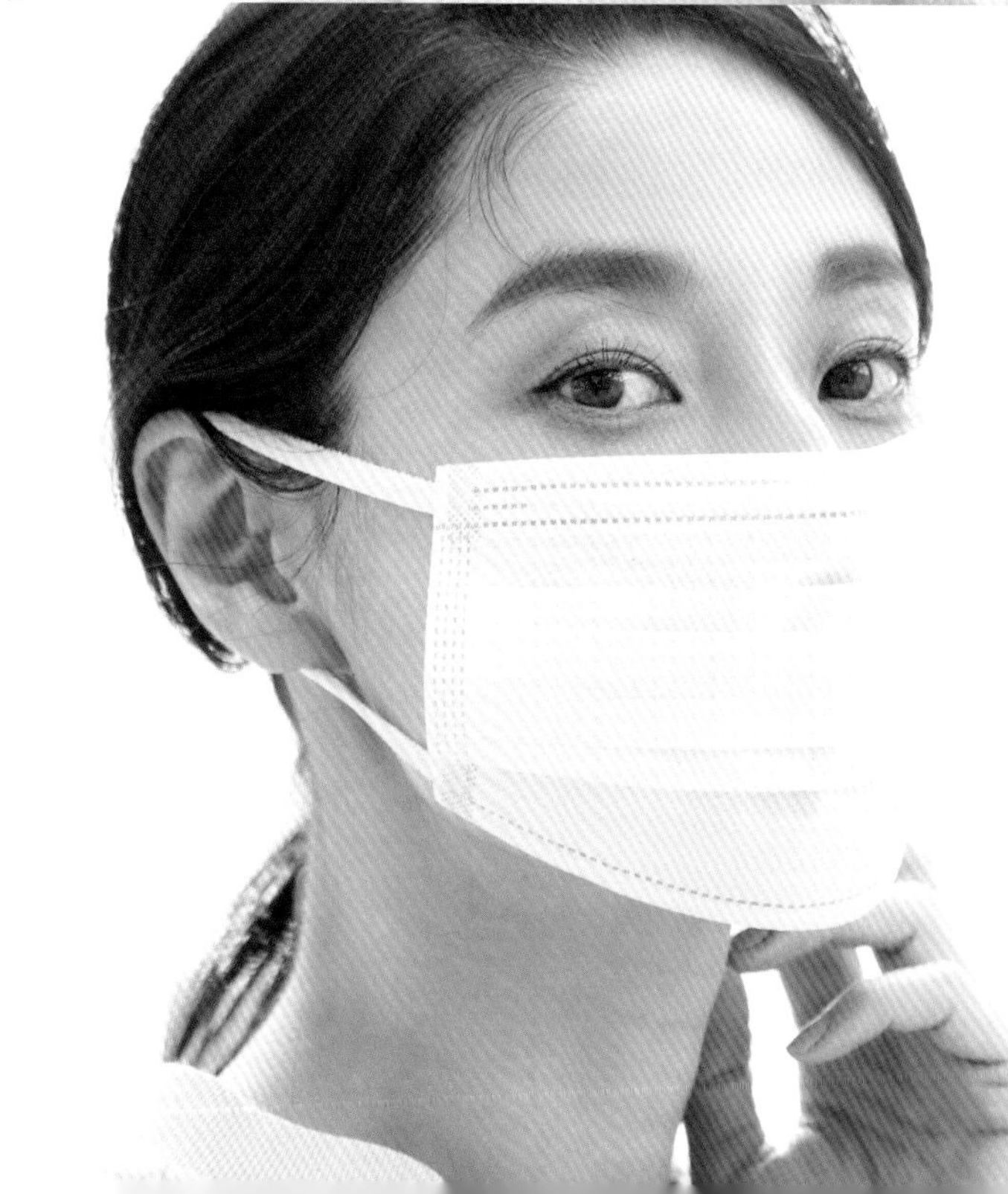

Part 05

ENHANCE YOUR BEAUTY

40代からの見直しケア

毎日のケアは今の肌を整えると同時に、未来の肌をつくっていくものです。見直しメイクがさらに輝き、肌と顔に自信を持てる見直しケアのポイントをお伝えします。

SKIN CARE / HAIR CARE & BODY CARE

Method

いつものモノで ていねいに。 続けられる基本のケア

スキンケアの見直しは「続けられる」が絶対条件。日々の積み重ねが肌の変化に負けずに、みずみずしい透明感肌へと導いてくれます。がんばり続けなくても続けられる自分に合った見直しスキンケアを見つけてください。

スキンケアも
ちょっとコツで違いが出る

顔と肌が変わってくる40代。メイクの見直しとともに、スキンケアも見直していく時期です。大人の肌は足りないものが増えてくる分、的確にがんばった時の違いが実感できやすいもの。それはある意味、楽しさでもあるはずです。

ケアもあなたらしく、ポジティブに楽しんでほしい――。パート5ではそんな想いで取り入れやすい、簡単なケアの見直しを提案させてもらいます。

スペシャルケアやグレードの高いアイテムに切り替えるのも、ワクワク感があっていいでしょう。それと同時に続けられる、いつものアイテムでできるケアの見直しも必要です。実はスキンケアにもちょっとの工夫とアイデアで、効果が高まる見直しのコツがあります。

ケアを見直して手に入れたふっくらみずみずしい肌に、見直しメイクのテクニックをのせたなら……。今の顔にさらなる輝きが生まれるのは間違いありません。

いつもの暮らしのリズムに取り入れられて、続けられそうなケアの見直しを、ぜひこの中から見つけてください。

透明感肌は
クレンジングから

毎日クレンジングをしっかりしているつもりでも、きれいに落としきるのは意外と難しいものです。メイクの落とし残しは、色素沈着の原因につながってしまうことも。くすみなど肌の暗さにつながるので、その日のメイクはその日のうちにきれいに取り去っておきましょう。

特に目元や口元といったしっかりメイクをするパーツには、ポイントメイク用のリムーバーを。アイテムが増えて手間になる気がするかもしれませんが、そのほうが結局は手早く、きれいに落としきれます。

落とすのも大事ですが、40代からはいたわるのも同じくらい大切です。肌が乾燥しやすくなっているので、目元、口元はしっかり落としつつも、肌全体の油分はとりすぎないこと。ゴシゴシ力を入れてこするのも、熱すぎるお湯で洗うのもＮＧです。最近は潤いを保ってくれるクレンジングアイテムも出ているので、そういったものを使うのも良いですね。

また肌の血色感や透明感が失われている人は、温感タイプのクレンジングジェルなどもおすすめです。汚れをオフするとともに、こわばった肌をほぐして血行を良くしてくれますよ。

ごわつき肌が変わる 乳液コットン2回づけ

今日は少し肌の調子が悪そうだな。撮影の仕事でモデルさんにメイクをするときにそう感じたら、化粧水後の乳液をコットンで2回ほど塗布しています。

そうするとキメが整い、肌がふっくら。やわらかい手触りになって透明感が高まってくれるのです。

化粧水はもちろん乳液も、コットンで塗ると手でのせるよりも、丁寧にのせられて肌の隅々まで行き渡ります。特に乳液は、潤いバリア機能が高まり、肌が自ら潤う力までも向上させてくれるので、丁寧に塗りたいもの。

乾燥や肌のごわつきが気になっていたり、ターンオーバーがうまくいっていないのを感じる日は、乳液をコットンにとって、肌にたっぷり馴染ませるのを2回繰り返す、を試しに行ってみてください。確実に肌の透明感が変わるはず！ 乳液はしっとりタイプやさっぱりタイプなどあるので、自分の肌質に合うものをチョイスして。

美しい肌は毎日のケアの積み重ね。乳液コットンの2回づけ、ぜひ覚えておいてくださいね。

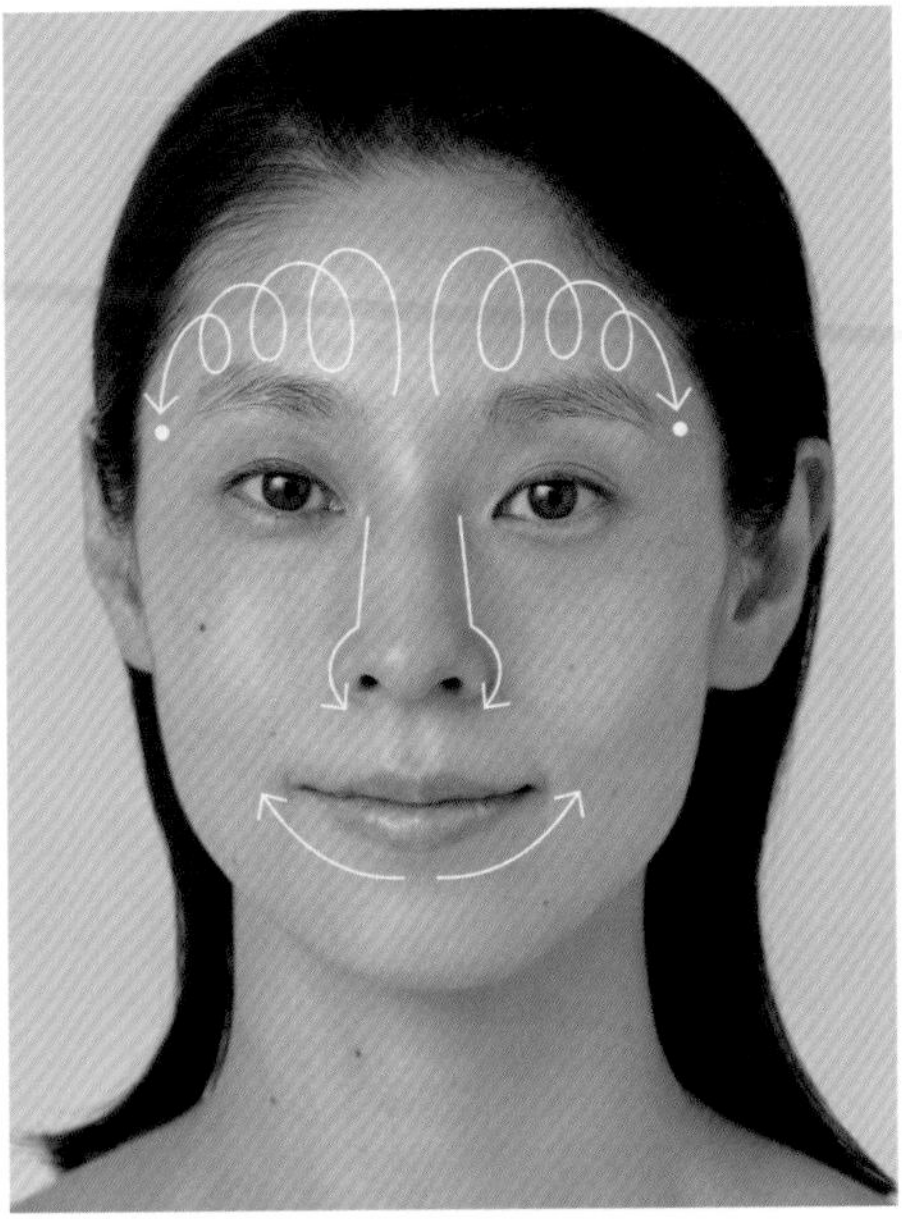

1. 額、鼻、口周りを マッサージ

まずは顔に乳液をなじませます。
① 額の中央からこめかみに向かって引き上げるようにらせんを描き、こめかみを押します（3回）。こめかみは3秒くらいかけてゆっくり押し、離します。
② 鼻の側面を軽く撫で下ろします（3回）。
③ 口周りは下唇に沿って口角を引き上げるように（3回）。

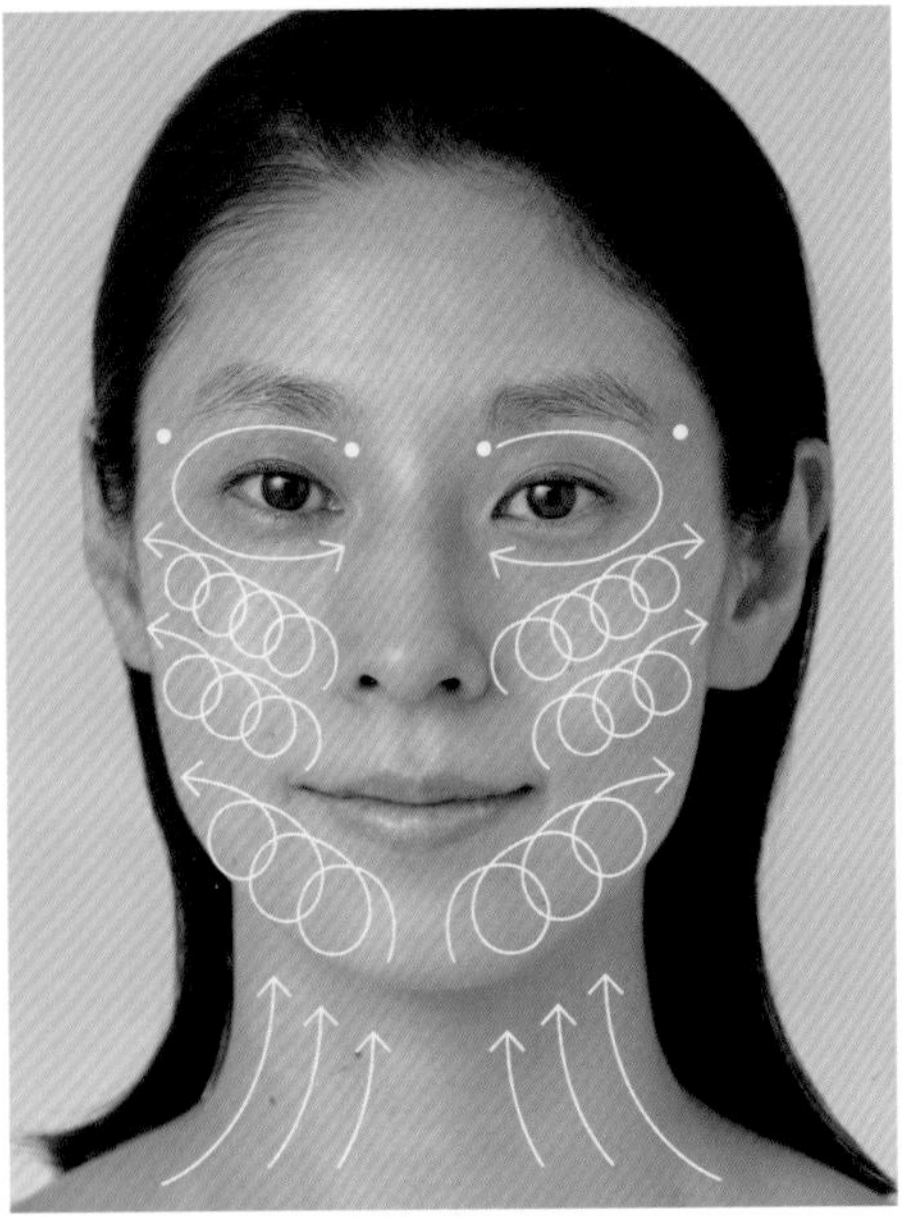

2. 頬、目周り、首を マッサージ

① 頬は、あご先から始め、3列に分けて矢印の向きにらせんを描くように引き上げます（3回）。優しく引き上げるイメージで、最後にこめかみを押します。
② 眉頭下のくぼみを押してから目周りを1周し、最後にこめかみを押します。
③ 手のひら全体で首を下から上にさすり上げます。

いつもの乳液でできる
スペシャルケア

大人の肌はどんなに日々のスキンケアに気をつかっていても、時々はスペシャルなケアでの底上げが必要です。でも特別なアイテムで、たっぷり時間をとって……というのは、なかなか続けづらいもの。

そんな人はいつも使っている乳液でできるフェイスマッサージを、スペシャルケアにとりいれてみませんか。

洗顔後にお湯やレンジでつくったスチームタオルで顔を覆って、肌を柔らかくしてから、いつもどおり化粧水を。その後、乳液をたっぷりとって、額、左右のほお、鼻、あごに置きます。そうしたら右ページの矢印の手順で、優しくマッサージをしてあげるだけ。ものの５分もかかりません。

マッサージは深呼吸しながらゆったりしたリズムに合わせてゆっくりと。自分で自分を気持ち良くさせてあげるのもポイントです。終わった後は肌がもちもちになって、血行が良くなっているのを感じるはずです。

肌の疲れ、乾燥や肌のごわつき、顔色のくすみや血流の滞りを特に感じている日はじっくり肌と向き合ってみて。

表情筋にアプローチ
ずっと笑顔が素敵な人に

顔の表情を豊かにしてくれるのは、表情筋という筋肉です。表情筋は体の筋肉と同様に動くことで鍛えられ、柔軟性を維持できます。顔の筋肉が衰えると頬がたるんできたり、そのたるみによってほうれい線が目立ってきたりします。また目の下にくぼんだようなたるみが見られるようになることも。そうなるとさらに顔が疲れて見え、表情もいきいきしなくなる……といった悪循環につながりかねません。

パーツの下がりが気になる40代に入ったら、特に意識して鍛えたいのが目から下の筋肉。左ページで紹介するのは、そんな目から下の筋力にアプローチできるとても簡単な顔のフェイスストレッチです。

口元とほおの筋肉を意識しながら、「リ・フ・ト・アッ・プ」と唱えるだけ。それぞれしっかり10秒間、口の形をキープして、次に進んでください。最後は口元をきゅっと引き上げ、満面の笑顔で10秒。

声を出さなくても効果があるので、マスクの中でも、仕事中でも、いつでもできます。たった1分で出来るので、習慣にしてこれからもずっとたるみを感じさせない、いきいきとした素敵な表情をキープしていきましょう。

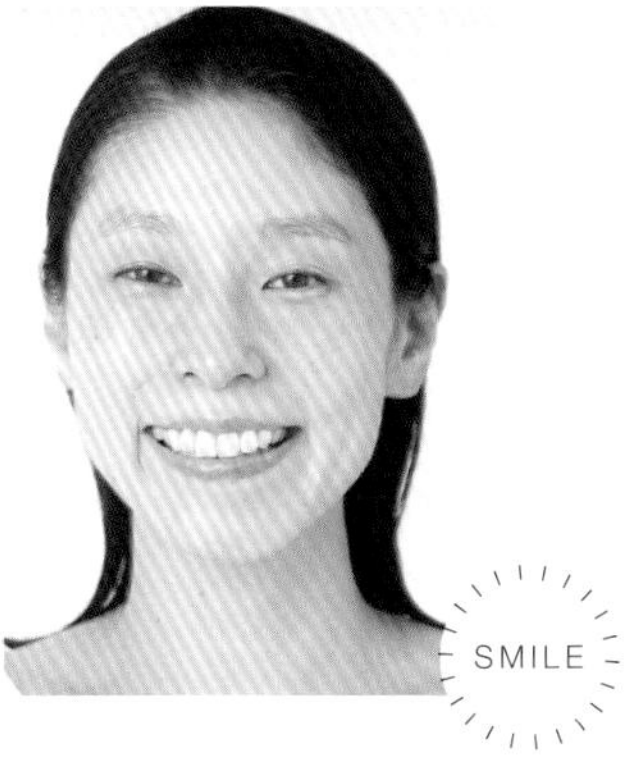

顔の筋肉がしっかり動いているのを意識しながら、それぞれ10秒キープ。
最後の笑顔までで1セットたった1分です！

幹細胞研究にインスパイアされた最新ブランド。ここぞという時の愛用美顔器。たった6分でお手入れにプラスできるところもうれしい！

credit→p186（3、4）

美顔器という選択肢
顔のたるみ、左右差ケア

眉や口元など右と左の高さが違うのが昔より気になっているという声もいただきます。人の顔は左右対称ではないので、若干の違いはあるものですが、その理由としてたるみが考えられます。年齢を重ねると表情のクセとの掛け合わせで、その左右差がより大きくなってきているのでは、と感じます。

目に見えて変化がわかるのは、シニア世代に入ってからかもしれませんが、今からケアをはじめることで、将来の顔もきっと変わってくるでしょう。

最近ではさまざまな種類の美顔器が登場し、身近なものになってきました。筋肉を刺激する機能があるタイプなら、たるみにアプローチでき、表情癖もやわらぐのではないでしょうか。

最新の化粧品やエステなどさまざまなケアを試してきた人も多いかと思いますが、みなさん、効き目を感じない、持続しない、といったことが悩みにもなってきているよう。美顔器は効果を確かめながら家で手軽に続けられるのがいいところ。スキンケアを見直したいときの、選択肢のひとつに加えてみてはどうでしょうか？

美容医療よりも 毎日のメラニンケア

美容医療が一般的になってきて、シミやそばかすのケアで頼っている方も多いと思います。

私自身も過去にシミをレーザーでとりましたが、後からまた浮き上がってきて……。実体験として日々のスキンケアで肌内部のメラニンを活性化させないことこそが大切だと感じています。

40代は30代の頃と比べてメラニンの量が一気に増えます。今、見えているシミだけでなく、顔全体にメラニンが増えてくる。それがシミやくすみをもたらして、肌を暗くしているのです。つまり将来の明るい肌づくりのためにも、今あるシミやそばかすに対処するだけでなく、お肌全体のメラニンに配慮したケアをする必要があるのです。

おすすめの方法としては、化粧水でも乳液でも良いので、美白ケアアイテムを取り入れること。肌悩みのなかでもシミやくすみが特に気になっている人は、美白美容液を取り入れるのがおすすめです。

紫外線は1年中浴びています。今と未来の肌のために、メラニンのケアはぬかりなく！です。

手と首の若さのために UVケアを忘れずに

肌のＵＶケアがマストなのは当然ですが、首と手元も同じくらい気をつかってほしい場所です。年齢が出やすい首と手元は紫外線にさらされやすく、しかもメイクで隠すこともできません。朝のメイクの一環として手元と首にも日焼け止め効果のある下地を塗るのを習慣づければ、忘れることなく毎日続けられます。夏だけは日焼け止めを塗っているという人も多いと思いますが、紫外線が一番強いのは5月。その時期は特に気をつけて。

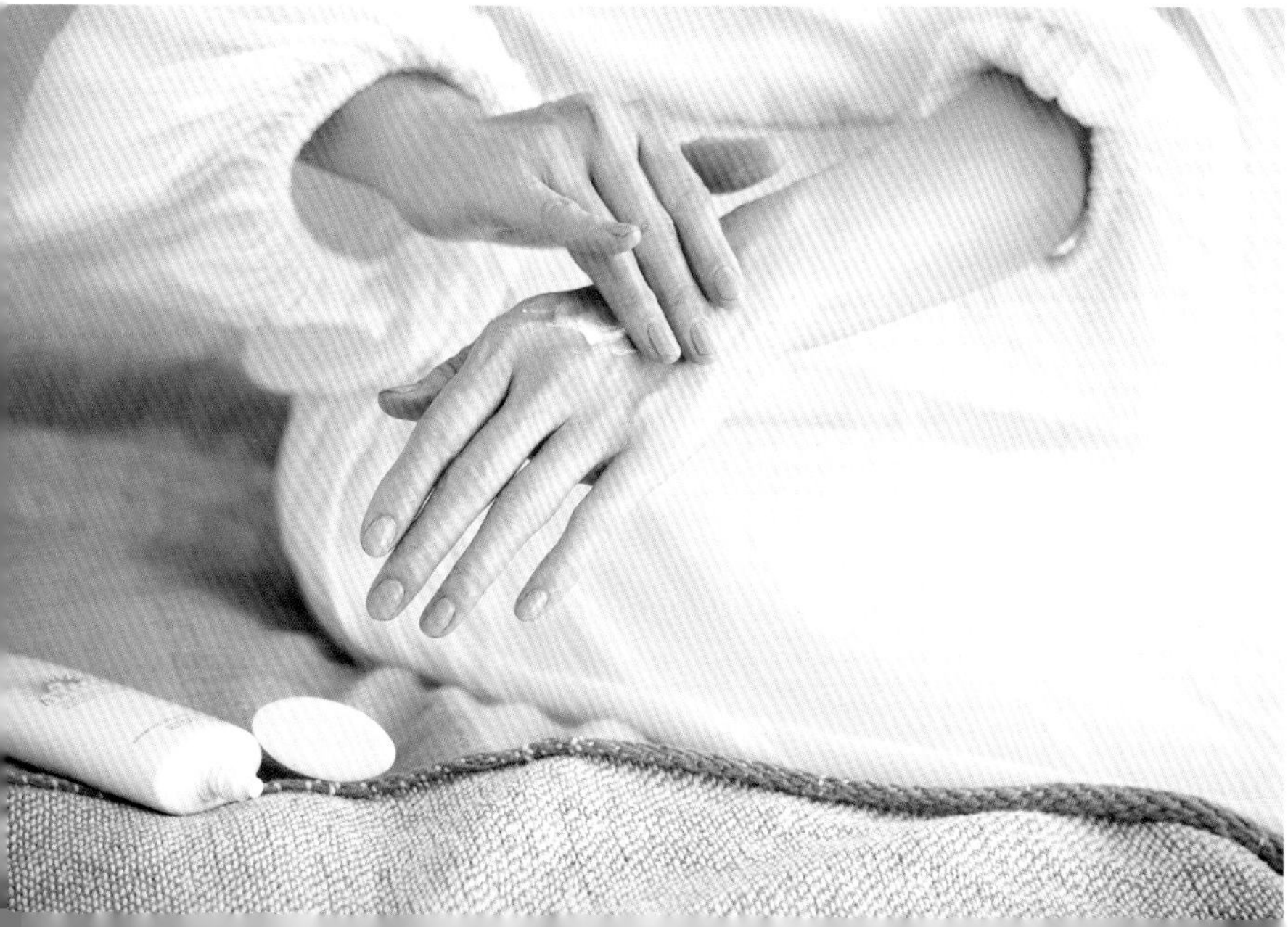

Method

ヘアケアも顔に光を纏う一環です

見直しメイクでツヤ肌がつくれるようになったなら、髪にも光を纏ってさらなる輝きを。40代はヘアケアも見直しどきです。ここからは変わってきた髪質にツヤとまとまりをもたらす、ちょっとしたひと手間をお伝えします。

髪がキレイなだけで
お疲れ顔も元気になる

艶やかに輝く髪には、とても大きな効果があります。特に疲れて見せない効果は抜群！

髪も年齢とともに髪質が少しずつ変化していきます。乾燥やパサつき、出産を経て抜け毛が増えて髪質が変わったという人も多いことでしょう。パサついた髪の毛は第一印象を実年齢以上に老けて見せてしまうこともあります。特に注意したいのは顔周り。髪がパサついていると、顔まで疲れて見えてしまいます。

一方でツヤのある髪は肌のツヤとの相乗効果で、あなたをいきいきとより若々しく見せてくれます。最低限、顔周りの髪だけは、上品なツヤを出してあげてください。

また上質な髪は健康な頭皮から生まれます。肌と同じで頭皮もターンオーバーが遅くなりがちな年頃です。頭皮の汚れをしっかり落とし、健やかに保つ頭皮ケアもヘアケアのひとつに加えてもよいと思います。40代からはヘアケアも見直しを。

髪でも光を味方につければ、メイクを見直した効果をより強く感じられるようになるはずです。

最低限、顔周りだけは
ツヤを纏って

どんなヘアスタイルでも前髪やフェイスライン近くの髪だけは、艶やかに仕上げるのが大人のたしなみ。そこをツヤっとさせるだけで、お疲れ顔も華やかに、ツヤ肌はより艶めいて見せられます。

パサつきやクセの対策として一番手っ取り早いのは、顔まわりにだけストレートアイロンを通す方法です。

ストレートアイロンで軽くクセをとって、表面を整えるだけで、光をきれいに反射する髪へと様変わりさせられます。やさしくテンションをかけて、ふんわり内巻きになるように通すと、自然なツヤ髪の出来上がり。

オイルの力もぜひ借りてください。スタイリング剤を普段使わない人も、朝とても急いでいる日も、顔周りにだけさっとオイルをなじませて。濡れたようなツヤ感もおしゃれですが、普段づかいとしては少しやりすぎなことも。自然なツヤ感を演出してくれるような、重すぎないオイルを選ぶと使いやすく、品のある雰囲気に仕上げられます。

どちらも時間をかけずに、髪のツヤを印象づけられる効果的な簡単テクニックです。

髪をあげて明るさアップ

意外に前髪で額を覆ってしまっていたり、サイドの髪の毛を両方おろしていたりなど、顔を隠してしまっている方も少なくありません。でも顔周りの髪は、すっきりあげて肌の見える面積を増やしたほうが、肌も表情も明るくいきいきと見せられます。

特にこめかみから耳の前の肌に髪がかぶっていると、髪の影によって顔がより暗く見えてしまいます。肌のお悩みによる影もより濃く感じられてしまうのです。

左右どちらかの髪を耳にかけるだけでも、肌の明るさはかなり変わって見えます。フレッシュな印象で、清潔感もアップ。またオフの日やカジュアルな服装の日は、ターバンなどで前髪をあげたヘアスタイルにするのもおすすめです。

40代はただでさえ肌の明るさが失われていく時期。少しでも顔に影をつくらないことが大切です。

肌ぐすみが気になる日や、顔色がぱっとしない日は、あえて顔を出すことを心がけてみてください。

夜のドライ次第でスタイリングは8割完了

忙しい朝にヘアケアまで気を使うのはけっこう大変ですよね。だから朝よりは時間のある夜に、次の日のスタイリングの下ごしらえをしておきましょう。

といっても、やることが増えるわけではなく、髪を乾かすときのドライの仕方を見直すだけ。正しい方法でドライをするだけで、朝の寝グセ直しが少なくなるばかりか、髪質によっては起きた瞬間から指通りの良い整った髪になっています。

ドライのポイントはまず根元をしっかりと乾かすこと。6、7割根元を乾かしたら、キューティクルに沿って、上から下に風をあてます。下を向いてやや後ろから風をあてて、毛先を前に流すように心がけると、自然な内巻きに仕上がります。

クセがある人は、特に風の向きに注意してください。下から風をあてすぎると、クセが広がり、まとまりを出すのが大変になってしまいます。

余裕がある夜はブローまでしておけたら、もう完璧！次の朝、自然なツヤ感のある髪が待っています。

くすみがちボディは バスタイムにケア

最後にボディケアの話も少しだけ。顔と同じだけ生きてきた全身の肌も、やっぱりいたわってあげたいものです。くすんできているし、乾燥もしやすくなっています。

特に盲点なのが背中。角質がたまっていたり、毛穴汚れがとりきれていなかったりしがちです。背中の開きが広い素敵な洋服を見つけたときに、ケアの行き届かなさが躊躇の理由になったらもったいないですよね。

私は背中や行き届かない場所のケアに、バスタイムにできるボディスクラブを愛用しています。肌に優しいものを選ぶと、肌を傷つけずに、古い角質だけをとってくれて、明るくツルンとした肌に。なんでも欧米ではボディスクラブはボディケアとしてとてもメジャーなのだそう。

またひじやひざ、すねの乾燥も、年齢を感じさせやすいところ。ここだけはボディクリームや乳液をかかさないのも、40代からの心得です。

忙しいとなかなかボディケアまで手がまわらないもの。手軽にできて、続けられる、自分なりのボディケアを見つけてくださいね。

おわりに

ここまでお読みいただきありがとうございます。

今までたくさんの仕事を通じて、子育てや仕事が忙しくケアにまで手は回らないけれど、肌や体の変化は確実に感じながら試行錯誤をされている声をたくさん聞いてきました。私も特に出産後はしばらく化粧水ですらままならず、日々の忙しさから気づいたら自分のケアとメイクは適当になっているような日常……。

でも40代中盤になり、今一度自分としっかり向き合って、ケア含めメイクの見直しに取り組む時期にきているな、と感じています。

私だけでなく、みなさんそんな時期を経て今起きている肌や顔の変化は、これまで重ねてきた人生の証でもあり、決して否定することではないと思います。よく笑う方は素敵な表情ジワが深くなり、自然が大好きな方は健康的でヘルシーな肌の質感をされていたり。美しさとはみんなと同じゴールを目指すことでもありません。

「見直しメイク」でお伝えしてきたのは、今の顔と肌を受け入れながら、より輝かせる方法です。

たくさんのテクニックの中から、取り入れられるもの、できるものを

ひとつずつ見直していってみてください。私たちにとってメイクやケアの時間は、自分と向き合う貴重な時間。よりあなたを魅力的に見せるお手伝いをしてくれるツールなのです。

この本が少しでもみなさんの気づきにつながって、今より少しだけメイクが楽しくなる。

そんな毎日のお役に立てますように。

資生堂ヘアメイクアップアーティスト　齋藤有希子

（使用・掲載アイテム）

[スキンケア]

1／撮影でよく使用する乳液。いきいきとしたハリツヤ美肌に！ dプログラム：バイタルアクト エマルジョン MB

2／エイジングケアを始めるならまずこちら！ リッチな感触。エリクシール シュペリエル：エンリッチドセラム CB

3／私のデイリーケアの必需品。みずみずしい美容液。 SHISEIDO アルティミューン™：パワライジング コンセントレート III

[下地]

4／スキンケア成分たっぷりで、生命力あるツヤ感に。 ローラ メルシエ：ピュア キャンバス プライマー イルミネーティング

5／ふんわりとした透明感のある肌に。マキアージュ：ドラマティックスキンセンサーベースEX UV＋（トーンアップ）

6／年齢肌を凹凸のないなめらかな肌にしてくれる。 ベネフィーク リュクス：フォルミングバー

7／どんな肌の色もきれいにトーンアップ。ツヤ感もきれい。 エリクシール アドバンスド：スキンフィニッシャー

8／くすみが特に気になるなら、美白ケアの叶う下地をチョイス。 SHISEIDO ホワイトルーセント：ブライトニング スポットコントロール ベースUV（ピンク）

[ファンデーション]

9／伸びが良くてツヤが出る。カバー力もあるから大人の肌にうれしい！ SHISEIDO フューチャーソリューション LX：トータル ラディアンス ファンデーションe（オークル10）

10／とにかく微粒子できめ細かい肌に！お化粧直しにも。 インテグレート グレイシィ：プレミアムパクト（オークル10）

[パウダー]
1／毛穴カバーに、ふんわり透明感。マキアージュ：ドラマティックフェイスパウダー（20ピュアオークル）

[アイメイク]
2／アイシャドウの発色が悪くなったと感じるなら専用ベースを。ローラ メルシエ：アイベーシックス（02）
3／品のある、さりげないきらめき感がとってもきれい。ローラ メルシエ：キャンドルグロウ パーフェクティング パウダー（1ライト）
4／まさに目の下にレフ版効果！ しっとりするのにべたつかないのも◎。IPSA：キャッチライトスティック（ピンク）
5／目そのものをきれいに見せてくれる絶妙カラー＆質感。ローラ メルシエ：キャビアスティック アイカラー（R2 Wild Rose）
6／質感チェンジができる、しっとりしたパウダー。SHISEIDO メーキャップ：ポップ パウダージェル アイシャドウ（01 Shin-Shin Crystal）

[チーク]
7／ハイライトも一緒になっているから簡単！ インテグレート：メルティーモードチーク（RD382）
8／みずみずしいツヤ感がとても美しいチーク。 クレ・ド・ポー ボーテ：ブラッシュクレーム（4）
9／ふわっとツヤ感を足せて、大人肌でも品良く使えるハイライト。ローラ メルシエ：マットラディアンス ベイクドパウダー ハイライト01

[大人のきちんと肌]
10／肌の質感まで変えてくれる絶品リキッド状コンシーラー。クレ・ド・ポー ボーテ：コレクチュールエクラプールレジュー（NO）

[肌悩みカバー]
11／オレンジみのあるナチュラルベージュでシミにちょうど良いカバー力。インテグレート グレイシィ：コンシーラー（シミ・ソバカス用）（ナチュラルベージュ）
12／毛穴を目立たせない、ウォーターベースの軽い下地。SHISEIDO メーキャップ：シンクロスキン ソフトブラーリング プライマー

[アイブロウ]
1／とにかく描きやすい！ 形をとるのも、ふんわり描くのも自由自在。マキアージュ：ダブルブロークリエーター（ペンシル）（BR611）
2／グレーが黒すぎないで絶妙に品のある眉に。濃さもちょうどいい！ インテグレート グレイシィ：くり出しアイブロー（グレー963）

[マスカラ]
3／凛とした毛のタッチが簡単に叶う！ 固まりすぎず使いやすいのも魅力。IPSA：アイブロウマスカラ（c 04 CL）
4／まさに"美リフト"。根元からまつ毛を持ち上げて、ハリのある目もとに。プリオール：美リフトマスカラ（ブラック）

[アイシャドウ]
5／質感のきれいなオレンジ系とピンク系カラーを両方楽しめるパレット。インテグレート：トリプルレシピアイズ（OR707）

[アイライン]
6／毎日のアイテムに加えたいグレーのライナー。 SHISEIDO メーキャップ：マイクロライナーインク（07 Gray）
7／細さ、描きやすさ、落ちにくさ、3拍子揃ったライナー。 SHISEIDO メーキャップ：マイクロライナーインク（02 Brown）

[リップ]
8／唇の輪郭がくすんできたら、まずこの色で補正！ SHISEIDO メーキャップ：リップライナーインクデュオ（01 Bare）
9／品のある美しいベージュリップ。大人なら一本欲しい。 クレ・ド・ポー ボーテ：ルージュアレーブル ブリアン（210トランセンダント）

[赤]

1／マスクにつきにくく、みずみずしい赤！ マキアージュ：ドラマティックリップティント（RD302）

2／まさにポジティブな気持ちなる、イチゴシロップみたいな赤。商品開発した色です。インテグレート グレイシィ：プレミアムルージュ（RD02ポジティブレッド）

3／とろけるようなツヤと透明感のある赤。 SHISEIDO メーキャップ：カラージェル リップバーム（105 Poppy）

4／大人が目元に赤を持ってくるならコレ。質感にもこだわって商品開発しました。グレイシィ：指塗りグラデ アイシャドウ（RD1グレージュレッド）

[ピンク]

5／ふわっと顔色が明るく！ ファンデもかなり少なくて済むはず。SHISEIDO メーキャップ：シンクロスキン トーンアップ プライマーコンパクト

6／きれいなローズで肌の透明感がアップ。 SHISEIDO メーキャップ：インナーグロウ チークパウダー（03 Floating Rose）

7／肌の色が濃い目なら、少しディープなカシスカラーもgood。クレ・ド・ポー ボーテ：ルージュアレーブル ブリアン（217 ゴーゲッターグレイプ）

8／大人にこそ楽しんでほしい、おすすめロ　ズリップ！ IPSA：リップスティック（S04）

[オレンジ]

9／目元が一気にフレッシュになるオレンジシャドウ。マジョリカマジョルカ：シャドーカスタマイズ（OR300）

10／赤みがあるから、どんな人もキレイにこなせるテラコッタカラー。エテュセ：リップエディション（ティントルージュ）（05. テラコッタオレンジ）

11／オレンジみと赤みがちょうどよくブレンドされたチーク。ローラ メルシエ：ブラッシュ カラー インフュージョン（14シマー）

[ニュアンスカラー]

12／下まつ毛にしのばせると、ほんのりニュアンスが出るカラーマスカラ。マジョリカマジョルカ：ラッシュエキスパンダー ロングロングロングEX（OR505）

13／ふんわり、ピンクみのブラウン眉に簡単チェンジ。SHISEIDO メーキャップ：ブロウ マスカラインク（01 Warm Brown）

14／マットなブラウン系リップに挑戦するのに間違いなしのカラー！ SHISEIDO メーキャップ：モダンマット パウダーリップスティック（507）

15／おしゃれなバーガンディーのライン。目尻だけでも。SHISEIDO メーキャップ：マイクロライナーインク（10 Burgundy）

16／落ち着いたカーキが眼差しに雰囲気を出してくれる。エテュセ：アイエディション（ジェルライナー）（05. オリーブブラウン）

WEEKDAY

p.148

(左から) マキアージュ：ドラマティックスキンセンサーベース EX UV＋ トーンアップ、インテグレート グレイシィ：モイストクリームファンデーション（オークル10）、インテグレート グレイシィ：くり出しアイブロー（グレー963)、IPSA：リップスティック（S04)

ONLINE MEETING

p.150

(左から) インテグレート グレイシィ：プレミアムパクト（オークル10)、マキアージュ：ドラマティックリップティント（RD302)、プリオール：美リフトマスカラ（ブラック)、SHISEIDO メーキャップ：ポップ パウダージェル アイシャドウ(02 Horo-Horo Silk)

MODE

p.152

(左から)インテグレート：メルティーモードチーク(RD382)、ローラ メルシエ：キャビアスティック アイカラー(R4 Bed of Roses)、ローラ メルシエ：ヴェロア エクストリーム マット リップスティック(05フィアス)、SHISEIDO メーキャップ：マイクロライナーインク(09 Violet)

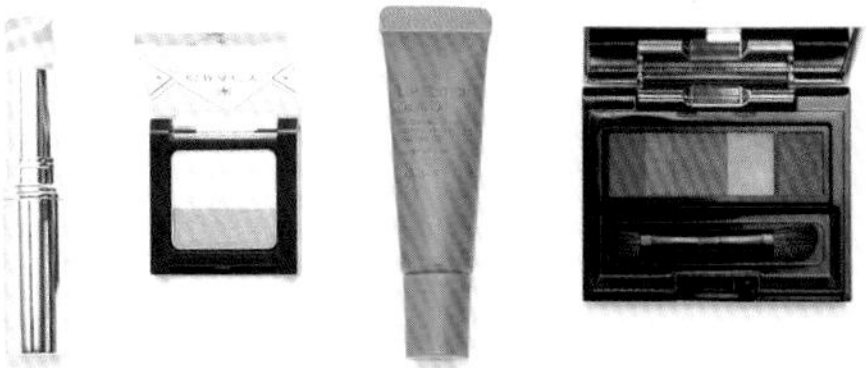

RELAXING

p.154

(左から)IPSA：キャッチライトスティック(ピンク)、グレイシィ：指塗りグラデ アイシャドウ(OR1ミントオレンジ)、エテュセ：リップエディション(グロス)(03. ビタミンオレンジ)、マキアージュ：アイブロースタイリング 3D(60ロゼブラウン)

FACE MASK

p.156

(左から)マキアージュ：ドラマティックスタイリングアイズD(RD 312)、IPSA：アイブロウ クリエイティブパレット、SHISEIDO メーキャップ：マイクロライナーインク(01 Black)

おすすめアイテム

1／シミ・くすみの救世主！ 毎日使いたいなめらかなテクスチャー。 HAKU：メラノフォーカスZ
2／肌がつるつるになるボディスクラブ。香りも良いのが嬉しい。 クレ・ド・ポー ボーテ：エクスフォリアンプールルコール
3／年齢によるたるみに即効性のある美顔器。 エフェクティム：3D ビューティーリフティング アクティベーター
4／美顔器と合わせて使うと効果大！ エフェクティム：3D ビューティーリフティング セラム
5／血行の悪さを感じるなら、温めながらクレンジングを。 ベネフィーク：メイククリア ホットジェル
6／保湿しながら、すっきり引き締めたい時に。 ベネフィーク：ボディクリーム（フォルミング）
7／ふわふわ、やさしくお手入れできるコットン。 資生堂：お手入れコットン
8／日焼け止めもジェル状なら塗りやすく、毎日使いやすい！ アネッサ：ホワイトニングUV ジェル AA
9／年齢が出てくるといわれる手もとをケア。 SHISEIDO アルティミューン™：パワライジング ハンドクリーム
10／べたつかないのに、きれいなツヤ感の出るヘアオイル。 TSUBAKI：オイルパーフェクション
11／ごわついた肌を、ふっくらと柔らかくしてくれる乳液。SHISEIDO バイタルパーフェクション：ホワイトRV エマルジョン

（ 問い合わせ先 ）

-メイクアップ アイテム

アネッサ、インテグレート、グレイシィ、
資生堂、dプログラム、HAKU、
ベネフィーク、マジョリカマジョルカ：0120-81-4710

IPSA：0120-523-543

エテュセ：0120-074-316

エフェクティム：0120-81-2101

エリクシール：0120-770-933

クレ・ド・ポー ボーテ：0120-86-1982

SHISEIDO：0120-587-289

TSUBAKI：0120-202-166

プリオール：0120-88-0922

マキアージュ：0120-456-226

ローラ メルシエ：0120-343-432

-衣装協力

PALA　https://pala-j.com/

BELPER　https://oobelper.com/

お悩みから探す
見直しINDEX

肌・顔全体

□ 肌のくすみ、暗さ → p26、p29、p52、p120、p148

□ 血色の悪さ → p30、p110、p114、p156

□ 毛穴の開き → p62

□ テカリ → p38

□ シミ → p58

□ 顔のたるみ → p72

□ こめかみのくぼみ、頬のこけ → p30

目元・目周り

□ 目尻の下がり → p84、p90、92

□ 目の下のクマ、たるみ → p45、p58

□ 目元のぼんやり → p90、p94、p134、p142

□ 目周りのくすみ・シミ → p42、p50、p134、p140

□ まぶたや目尻のシワ → p134、p141

□ まぶたのたるみ → p84、p88、p134、p142

□ 上まぶたのくぼみ → p46、p134、p143

口元

☐ ほうれい線・マリオネットライン → p60
☐ 口元のくすみ → p60
☐ 唇の痩せ → p100
☐ 口角の下がり → p100

メイクの悩み

☐ アイシャドウの発色が悪い → p44
☐ 似合う色が見つからない → p106
☐ リップの色がわからない → p110、p118
☐ ファンデーションがキレイに仕上がらない → p32、p33
☐ 乾燥して見える、ツヤ感がほしい → p34、p52
☐ 疲れて見える → p30、p110、p124、p150
☐ 眉がうまく決まらない → p74
☐ アイラインがうまく引けない → p88、p92
☐ コンシーラーが使いこなせない → p58
☐ 顔を引き締めたい → p72、p99
☐ メイクが古く感じる → p104、p128
☐ ナチュラルに仕上げたい → p29、p154
☐ とにかく時短で良くしたい → p32、p148
☐ ほど良くおしゃれな顔になりたい → p128、p152
☐ 顔にメリハリが出ない → p65

-STAFF

メイク　齋藤有希子（SHISEIDO）
ヘア　寺田祐子（SHISEIDO）
撮影　輿石真由美（MILD）、マエシロアヤノ
スタイリング　川上麻瑠梨
モデル　amako（Gunn's）、鈴木美季（FLOS）
デザイン　月足智子
編集　庄司真木子

-SPECIAL THANKS

コピーライター：近森未来（SHISEIDO）

資生堂みらい開発研究所：
菊地久美子、丸山貴司（現所属・資生堂DTオフィス）、
菅原陽子、内藤ひろみ、根岸茜子

花：VOICE

40代からの見直しメイク

“目元＆肌”から輝くキレイの常識の棚卸し

2021年10月25日　初版第1刷発行

著者　齋藤有希子
発行者　長瀬 聡
発行所　株式会社グラフィック社
〒102-0073 東京都千代田区九段北1-14-17
Tel.03-3263-4318（代表）　03-3263-4579（編集）
Fax.03-3263-5297
郵便振替 00130-6-114345
http://www.graphicsha.co.jp/

印刷・製本　図書印刷株式会社

ISBN978-4-7661-3619-7 C2077
Printed in Japan

齋藤有希子

さいとう・ゆきこ

資生堂ヘアメイクアップ
アーティスト

資生堂ブランドのCMや広告のメイクを担当。「グレイシィ」では40代以降向けの商品開発から美容情報の企画・発信まで手掛ける。2児の母でもあり、ビューティーでママを応援するプロジェクトリーダー。SNSでのコミュニケーションなども精力的に行っている。大学卒業後一般企業での4年間の社会人経験を経てから、美容学校卒業後2002年資生堂入社。

公式LINE「らしくfor mommy」
インスタグラム @yukikosaito.hma